解決爭議
的藝術

THE ART OF DISPUTE RESOLUTION

Fanny FUNG | Kenneth CHOW | Betty CHIU

序一

衝突是生活中的一部份。當個人或團體所定的目標出現矛盾、持不同意見，或因為溝通不足而引致誤解，都會發生衝突。衝突本身沒有好壞之分。具建設性的衝突有助將潛在的問題公開，引起討論及關注，也可讓人思考不足之處，並探索如何優化改善。然而，大眾通常把衝突看成負面事情，認為它可能帶來破壞。更嚴重的是，由於衝突太多、太普遍，大眾不會花時間去處理，以至衝突持續及升級，變成爭議。如能在衝突發生時及早妥善解決，可以有效減少大部份的爭議。如果在沒法避免下出現爭議，懂得選擇有效而適合的解決方式，也有可能化危為機。近年，解決爭議已從專業延伸至生活，漸漸發展成為一種生活藝術。大家選擇有效而合適的爭議解決方式之餘，也會把解決爭議的技巧應用在日常生活中，變成一種生活態度。

香港是國際爭議解決中心，是國際爭議解決專業的翹楚。香港的調解專業無論在專業發展、服務規則制定、服務監管以至創新應用，均領先世界。完善的爭議解決系統，應包含專業性，能處理不同的爭議，同時包容不同文化、生活習慣及不同需要。香港已把爭議解決發展成為一門科學，當中囊括了心理學、社會學、行為學、法學及輔導學

等理論，同時也是一門藝術，包括了期望管理、風險管理、情緒管理，大眾如何求同存異、諒解、有效談判及互相交流等技巧。

此書作者們以專業調解的角度，透過建立一個解決爭議的平台，協助讀者了解他們在爭議背後的需要、多種處理爭議的模式及相關解決技巧，協助讀者認識如何解決爭議。此書以「解決爭議的藝術」為主題，讓大家理解爭議的原因、解決爭議的各種重要元素，當中有大量經驗分享，並引述案例和生活實例，讓讀者大開眼界。此書同時兼具實用性和參考價值，確實是一本不可多得的著作。期望讀者均能借助此書，推廣香港在解決爭議範疇的優勢。不要讓負面情緒主導我們的行為，以解決問題為目標，以理性協商手法解決爭議，在爭議中達致彼此共贏的和解。

羅偉雄博士

國際爭議解決及專業談判研究院院長
香港國際調解中心主席
香港和解中心會長

序二

有兩個人或以上的地方，就有機會有「爭議」。每個人都需要認識和了解爭議，學習面對、接受和解決它，進而在可行的情況下避免（而不是逃避）它。

除了日常的所見所聞，專家證人和調解員的工作讓我有機會接觸更多爭議。爭議各方往往為了面子或執着於固有的立場或原則，不顧一切訴諸法律。朋友：「請你停一停、想一想，為甚麼？」金錢或許你不太在乎，但付出了的時間和精神，可以補償嗎？值得嗎？朋友：「請你再停一停、想一想，你真正關注和需要的是甚麼？」

我認識兩位作者詠敏和林輝十多個年頭，他們均是優秀的調解員，為人低調、淡泊名利，多年來利用工餘時間參與教學，分享調解知識、技巧和心得，同時亦為社區提供義務調解爭議服務，這種無私奉獻的精神實在難能可貴。

感謝他們邀請我為《解決爭議的藝術》一書寫序，讓我可以先睹為快。正如書名一樣，解決爭議的確是一門「藝術」，而這藝術必須推廣。若人人能常懷「同理心」，做到「和而不同」，縱使爭議來臨也能迎刃而解。

本書作者透過日常生活例子，深入淺出地讓讀者明白甚麼是爭議、爭議的源頭、爭議背後的真正需要和解決爭議的技巧。我相信這本書對所有感興趣的讀者都有一定的幫助和啟發。

鄧智宏 (Cr Sr TANG Chi Wang)

香港建築師學會和香港測量師學會聯合爭議排解委員會仲裁員委任諮詢委員會成員
香港和解中心原會長
聯合調解專線辦事處原董事

序三

人越大，越覺得關係很重要。不管是家庭還是事業，人與
人的爭議也是無可避免的。《解決爭議的藝術》這本書很
有啟發性，闡述處理爭議是種藝術，書中提及如何運用談
判、調解等方式，使人得以坦誠交流；用同理心、耐心、
細心、聆聽、理解和接納等態度，以達致雙贏目標。這本
書通過生活化的例子，為如何解決爭議提供精闢的解說，
有系統地解釋衝突的類型、爭議者處理衝突的模式及引發
爭議的源頭，從而帶出有效解決爭議的技巧。

我做考核調解員的工作期間，見到很多滔滔不絕、口若懸
河的人，但他們未必是一個稱職的調解員。多年來處理不
少衝突，每次做完調解總覺得有些得着，我的心得是：理
論很重要，但實踐更重要。而這正正就是這本書的獨特之
處。從書中生活化的例子學習解決爭議最為有效。

處理爭議往往是互動的，能夠在書中學懂一招半式，實踐
有效地處理爭議的方法，對家庭或工作皆一定能帶來莫大
的幫助。

曾炳超 (Ir Paco Tsang)

香港價值管理學會主席
香港和解中心原會長
聯合調解專線辦事處創會董事

作者序

這本書從籌備到成書，只經歷了短短不到一年時間，那是
由於我們看到現今的世代紛爭不斷，無數人陷入困局與對
峙中，期望及時通過書這種載體，讓更多人認識解決爭議
的方法，從而減少各種衝突。本着這樣的初衷，我們開始
籌備並迅速完成本書。

人們在與他人相處，或者生活、工作時，很容易因為意見
不同而爭吵，或因為溝通不足而出現誤會與猜忌，或因為
事情發展不如自己預期，引發負面情緒，甚至走進死胡同，
徘徊在無休止的憤怒、怒懟、無助、失敗情緒中。這本書
告訴我們，爭議無分對與錯，執着於立場式對抗無法解決
問題。放下堅持，謙卑地了解各方需要，理性探討事件可
以通過甚麼途徑解決，解決方案是否能在爭議各方的需求
中取得平衡，遠比各持己見、互不相讓更重要。

沒有解決不了的爭議，只有不懂得面對爭議的人。書裏闡
述了各種解決爭議的技巧和思考方式，是我們為讀者準備
的第一步，當中 40 多個生活化案例，涵蓋社會、職場、
校園、家庭各方面，讓人在面對不同類型的爭議時都能做
好準備，勇往直前。

不必等到爭議出現時再苦苦思索該怎樣應對，平時學習解決爭議的技巧、提升溝通能力，就能在日常生活中減少磨擦和誤會，避免爭拗，營造互相信賴而舒適的相處氣氛。哪怕最後沒辦法改變事情的走向，但以正面、尊重的態度面對和溝通，也能軟化彼此的對抗情緒，令人發自心底地接受一切相對於完全談判失敗的較佳結果。

每個人都是地球上獨一無二的個體，有各自的性格、價值觀、想法、為人處事的方式與態度。與其期望他人對自己凡事包容，不如考慮以尊重態度與對方進行坦誠溝通，有技巧地表達需要，才是解決爭議的不二法門。讓我們從閱讀這本書起，嘗試改變自己看待爭議的心態。解決爭議，從了解自己、理解他人開始。

CONTENTS

目

目錄

前言 ｜ 解決爭議的藝術 *14*

有人的地方就有爭議，有爭議的地方就離不開談判和
調解。

在現代社會，每個人都有着不同的價值觀及思維模
式，而為了在社會上擴闊自己的發展空間及達成人生
目標，便會嘗試用各種方法鞏固自己固有的利益或謀
求更多利益。當人和人之間的立場和利益不同，就很
容易產生爭議，輕則破壞雙方關係，阻礙事情進度；
重則訴諸法律途徑，對簿公堂，甚至引發暴力衝突，
給爭議雙方帶來財務、感情、名譽、時間等不同層面
的潛在損失。

那麼，世界上可有甚麼方法能令爭議消失，使其他人
心甘情願地跟隨自己的意願去做呢？

解決爭議其實不難，爭議的成因往往有跡可循，談判
方法也有技巧可以學習，當懂得分析及處理衝突，再
運用談判技巧解開矛盾，就能順利使爭議雙方的關係

得到調和，取得雙贏。

本書將通過社會、職場、校園、家庭等案例，講解不同的爭議模式、源頭，並介紹各種有效解決爭議的技巧，令讀者在面對爭議時懂得如何應對，使人際關係變得更融洽，無論工作還是生活上都更如魚得水。

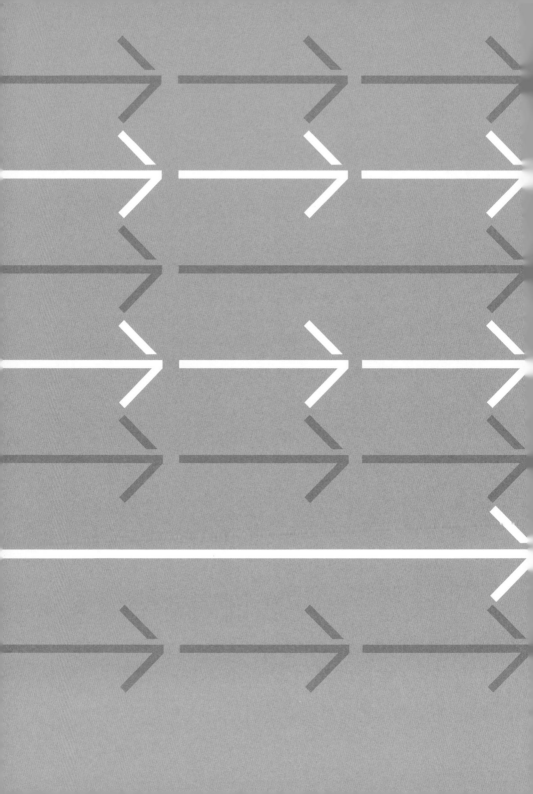

CHAPTER

01

甚麼是爭議？

早在公元前四百多年，柏拉圖等哲學家便開始研究人類的衝突行為，然而時至今天，有些爭議我們仍然不知道可以怎樣解決。上網搜尋「爭議」二字，會出現一億八千萬個檢索結果，中學通識科的教材，就包括尋找「爭議點」。有關爭議的討論那麼多，那麼，你對爭議又有多少了解呢？

不少人會因爭議感到困惑、受傷、沮喪，是由於我們對爭議抱有成見，認為這是負面的行為，會破壞我們與他人的關係、影響事情的進展。但爭議不是問題，反而是一種解決問題的方式，妥善解決爭議不但不會影響人際關係，還能促成合作，提升效益。

甚麼是爭議？爭議是兩個或以上的人因為立場不同、看法不一，或利益不同，雙方互不相讓而產生的衝突。當一個人的行為對另一個人的行為產生干擾，也會出現爭議。常見的爭議包括夫妻衝突、父母與子女的衝突、上司與下屬的衝突、鄰里衝突、公司之間的群體衝突、國際衝突等。在日常生活中，我們每天都有可能與他人產生爭執或糾紛。爭議往往源於一時的意見不合，視乎我們的應對方式，就有可能出現不同的結果。

2019 年，新型冠狀病毒（COVID-19）在全球爆發，外傭姐姐和僱主在週末應否放假的問題上出現了衝突。外傭姐姐平時要照顧僱主六個月大的女嬰，工作忙碌，希望放假時外出放鬆一下；僱主則擔心疫症肆虐，外傭姐姐在放假時和同鄉在外眾集，有可能感染病菌，令一家人的健康受到威脅。當僱主下令外傭姐姐不得外出，便會令外傭姐姐不滿，雙方出現爭議。畢竟勞工法例定明外傭每工作七天，期間可享有一天休息

日，外傭姐姐的要求十分合理。不過，如果僱主讓她
了解到疫情的嚴重程度，明白這段時間外出的風險，
並安排她另擇其他日子放假，雙方在相互理解的基礎
上找到解決方案，達成共識，就能消除爭議。

公司新產品的銷售業績出來了，又到了市場部和產品
部大戰之時。市場部覺得新產品沒有特色，設計也無
法迎合市場喜好，不管怎樣宣傳仍難以吸引顧客購買；
產品部則認為是市場部宣傳不足，沒有突顯產品特
質，很多顧客根本不知道公司推出了新產品。如果雙
方堅持己見，無法放下銷售責任誰屬的爭議，便會無
了期爭吵下去；要是放下成見，聆聽對方的建議，共
同商討如何改善宣傳手法和產品設計，就可以一同合
作提升業績，這樣自然皆大歡喜。

有時候，引發爭議的除了看法差異，還牽涉到金錢糾
紛。香港人多車多，交通繁忙，一時不慎，容易出現
交通意外。前車剎掣，後車停車不及撞上前車，造成

前車車尾箱損毀。當前車車主向後車車主提供維修報價單後，如果雙方認為維修費用合理，便可順利平息這場因意外而引致的索償；若果後車車主收到報價單後覺得維修費用昂貴，雙方就會因賠償金額產生爭議，甚至對簿公堂。由此可見，爭議可大可小，取決於我們遇到事情時的態度和處理方式。

學習解決爭議的技巧

在很多人眼中，爭議代表了「問題」，我們不喜歡爭議，覺得這是「不應該」的，也會對引起爭議的人產生敵意，認為他們「做錯了」。但爭議其實是人與人相處時難以避免的問題，主動面對衝突，用理性的思維處理糾紛，解決爭議也很容易。

最近鄰居家中每晚傳來鋼琴聲，直至晚上十一二點，吵得令人難以入睡，心情十分煩躁。面對這樣的情況，你會怎樣處理？有的人可能會跟管理處投訴，甚至報

警，直接禁止對方擾民的行為；有的人則會選擇按下
鄰居門鈴，直接向對方詢問。原來鄰居家中的小孩
兩天後要參加國際鋼琴比賽，每晚都在練琴作最後努
力。了解情況後，有的人可能因而願意再忍受兩天，
讓對方專心準備比賽；就算依然難以接受，也可讓鄰
居明白小孩的行為對他人帶來的影響，用更溫和的方
式勸阻對方。無論噪音問題如何解決，雙方經過溝通，
了解各自的需要後，便能更容易找到彼此願意接受的
解決方案。

多溝通，增進了解，是解決爭議的第一步，面對商業
糾紛時也不例外。業主要裝修物業，預算 50 萬港元，
設計師了解業主的裝修意向後，表示費用應該差不
多，怎知業主最後收到了一張 60 萬港元的帳單，讓
他大吃一驚，和設計師就裝修費用爭執起來。原來裝
修費的確是 50 萬港元，但當中不包括改圖則、重換喉
管等臨時附加項目的費用。雙方在裝修前沒有溝通清
楚，業主收到帳單後與預期不同，自然出現爭議。假

若設計師預先列出具體裝修細則和可能的附加費用，業主心中有了預算，就能避免不必要的爭議。

爭議無處不在，妥善解決爭議，是一門為人處事必修的功課。在修練過程中，我們將通過不同的行為模式，以至一個眼神、一個動作當中表達的訊息，學習了解他人真正的內心世界，並懂得運用更恰當的方式表達自己的需要。爭議由人引發，卻也可以通過我們的努力，利用不同的處理爭議方式來為停滯不前的局面開創新的方向，謀求更好的結果。

華人社會傾向「以和為貴」，為維持良好關係盡量避免爭議，也會認為跟人意見不和以致爭吵對立十分丟臉。不妨換個角度來思考：爭議的出現恰恰表示我們面對的事情有不止一種處理方式，和我們爭吵的人或者正待我們加深了解。爭議是最好的提醒，讓我們停下腳步，想清楚自己的想法或行為是不是需要調整。把目光放到引發衝突的根源上，放下執着，用開放包容的態度拆解爭議的成因和類型、爭議各方的行為模式，再運用從本書學到的各種應對衝突的技巧，就能通過爭議解決潛在問題，營造良好的人際關係。

CHAPTER

02

了解爭議背後
的真正需要

28

美國社會心理學學者馬斯洛（Abraham Harold Maslow）把人類需要分成五個層次，分別為最基本的生理需求、安全感的需求、社會情感的需求、被尊重及認同的需求，以及更進一步的自我實現的需求。當一個層次得到滿足，便會產生一種無形的動力，驅使人類為爭取另一個層次而不斷努力。

因此，在出現爭議時，爭議雙方在爭奪利益前，必先滿足安全感、社會情感和被尊重及認同的需求，才能有動力對爭議背後的真正需要及利益，作出具建設性的探討。爭議產生的成因是雙方在立場和權益上出現了衝突，故此我們必須先了解自己及其他人的真正需要，並在互相尊重的基礎上理解和包容對方的訴求，才能為往後具建設性的討論奠定基礎。

衝動是魔鬼，言語是最鋒利的劍，這些都是傷人於無形的利器。當觀點出現分歧，我們的情緒往往會受到牽動，難以保持冷靜和理智，只專注於對方負面的部份。在談判的時候，談判者會不停放大及重複對自身有利的觀點，強調其他談判者的錯誤觀點，藉此創造理由去鞏固和堅持自己的立場，增加議價能力。但在這樣的狀態下，談判者亦無意中進入了一個迷失又委屈的狀態：往往對其他談判者的言論十分敏感，亦更容易受對方影響，牽引出自身的負面情緒，忘記保持正向思維及談判初心，反以強烈、尖銳、諷刺的言論作出回應。如何能在言語的利劍出鞘前控制爭議雙方的高漲情緒，將之引導至富同理心的平和狀態呢？關鍵在於令談判中的一方或雙方放下自己的負面感受，找到恢復冷靜及理性的方法。要令人冷靜下來，首先，我們要找到其真正需要。

解決爭議的第一步

每一個行為背後都反映了我們的需要，要解決爭議，了

解談判者在爭執背後的真正需要（或特殊需要）便十分重要。如果爭執雙方沒有意識到自己和對方的真正需要，那麼無論怎樣討論和談判，也只是在錯的道路上越走越遠。

當自覺權益受到侵犯，我們亦會變得強勢，以強硬尖銳的言論反駁對方，是常見的回應方式。不過說出口的話是否就等於心中最真實的想法和需求呢？

真正需要指的不一定是我們表面上表達出來的訴求，或極力爭取的權益，而是內心真正渴望得到的結果。令人感慨的是，我們有可能並不清楚自己的真正需要。就算知道，或者也會礙於自身的價值觀、為人處事的理念，而無法坦誠交待，做出理性決定。

小麗在生日當天跟相戀七年的男友家超吵架了。小麗指責家超沒為她準備生日驚喜，只是請她看電影吃西餐而已，一點也不用心。家超卻很不忿，明明是小麗自己說

生日隨便過就好,她沒意見。於是他精心挑選了浪漫愛情片,還帶她去需要提早一個月訂位的西餐廳,自覺已經做了很多準備了。兩人吵得不可開交,卻都忽略了重點:小麗的真正需求是甚麼。

小麗嘴上指責家超不用心,然而她背後的想法卻是生日驚喜代表了家超對她的在意,也是他對她愛情的證明,能大大安撫她對於兩人相戀七年感情日趨平淡的不安。若她沒有意識到自己內心真正的想法,或者她意識到了,卻不願意好好表達出來,只期望家超能夠「猜得到」,就會為彼此帶來誤解。另一方面,如果家超沒有嘗試探究小麗最真實的感受,或者因小麗的指責而感到委屈受傷,不願與她繼續溝通,他們兩人便沒辦法互相理解對方。最後家超覺得小麗無理取鬧,小麗認為家超不愛自己,感情大受影響。

由此可見,了解真正需要可以說是解決爭議的第一步。先理解自身的需求,再與對方圍繞真正需要進行討論,

在談判過程中嘗試修改或微調自身的立場及價值觀，就能在不知不覺間增加議價能力，使談判邁向對自身更有利的方向。

用心聆聽各方訴求

真正需要往往隱藏在言語和行為中，掩蓋在情緒之下，惟有用心發掘才能找出來。而當衝突需要依靠第三方協助解決時，就更需要用心聆聽、了解爭議雙方的訴求，而不是直接以所謂慣常做法來解決問題，以免出現誤判，使局面更加難以收拾。

中秋節快到了，江太正準備提早下班準備明天的應節食物，卻接到六歲的兒子諾諾打來的投訴電話。諾諾說妹妹晴晴非要跟他爭奪中秋節的時令水果金柚，要江太回來主持公道。江太趕着下班，便建議兒子找女傭姐姐Mary 協助解決爭議。Mary 知道後走進廚房，二話不說拿起水果刀將金柚一分為二，分給諾諾和晴晴。兩個

孩子一人一半，誰也不用搶，豈不是皆大歡喜？

當 Mary 以為圓滿解決衝突時，兩個孩子看見分成兩半的金柚，卻都放聲大哭了。Mary 十分疑惑，為何自己公平公正地處理好爭議，兩個孩子卻仍是不滿意呢？

江太回家，耐心安撫諾諾和晴晴後，解開了 Mary 的疑惑。原來諾諾需要金柚，是因為班主任要求全班同學在明天中秋節，帶回一個自製金柚燈籠作為功課；而晴晴很喜歡橢圓形的金柚，覺得金柚又香又好吃。擁有完整的金柚皮或金柚肉才能滿足他們的實際需要，Mary 沒有真正了解這一點，便自行決定以看似最公平的方式解決金柚爭議，這才加劇了雙方的不滿。最後江太請丈夫幫忙買了一個金柚回家，順利解決了這場「金柚之爭」。

很多人會以量化後的結果來衡量公平與否，若爭議雙方最後所得，無論在性質或數量上都是均等的，在很多人心目中這便算是公平了，殊不知這種看似公平的解決方

34

式，很可能與爭議雙方的真正需要背道而馳。公平原則的確是處理糾紛時需要考慮的因素之一，但更重要的是談判雙方的真正意願，公平原則並非解決衝突的必備前設。無論是談判方或調解方，如果希望解決爭議，達致雙贏局面，就應審慎思考其他談判者堅持己見的背後原因、利益及真正需要，然後再進行理性探討。同時我們也不應固步自封，死守既定的談判立場和策略，或把談判焦點局限於金錢上，而應審時度勢，從宏觀層面多角度思考及分析其他談判者的權益及真正需要。正如江太家裏的「金柚之爭」，其實只要 Mary 耐心詢問兩個小朋友為何爭奪金柚，並用心聆聽，了解諾諾和晴晴搶奪金柚背後的真正需要，就很容易找到完美的解決方法了。

照顧個別人士的需要

和家人或另一半的衝突或者還能依靠彼此的感情和信任而有所緩和，若在商業世界以至社會層面，像是個人與

大型企業的訴訟、集體談判，或國與國之間的爭議，所涉及的利益衝突及謀求的真正需要就更為複雜。這時候，不單是參與談判的機構或組織，其背後相關的每個獨立個體，也可能存在着與所屬機構不同的權益及真正需要。在談判過程中，我們也應該在可行的範圍內，考慮這些獨立個體的特殊需要，從而修改或微調談判策略，在最大程度上顧及大多數持份者的訴求。

輝鴻地產發展公司是本地一間大型地產商，近年主要業務轉移至收購農地，以為公司長遠發展預留土地作儲備。最近輝鴻計劃在新界北發展一個大型低密度豪宅小區，積極收購新界北的農地，並於 2018 年 3 月委託了一間集團式地產代理公司——收地易代為收地。輝鴻期望以最低成本收購大批土地，而此收地項目必須於 2018 年 12 月前完成，以便為三年後的發展計劃作準備。

俊傑在收地易擔任高級營業經理，負責此項目。他在收地易工作了八年，深獲老闆器重，這次公司難得接到大

型地產公司的項目，如果能順利完成，俊傑更有可能升職。他經朋友介紹認識了雞農發哥，並嘗試洽購其名下之農地。

發哥是擁有政府牌照的雞農，有一塊 20,000 呎的農地，主要用來飼養雞隻。當時新界北一幅差不多大的農地，呎價介乎 950 至 1,050 港元。俊傑與發哥初次見面便力讚發哥飼養的本地雞，兩人交流愉快。俊傑得知發哥準備退休移民，便趁機提出收地意向，以接近市場最高收購價的 1,000 港元呎價收購其農地，但表示需於三個月內完成交易。發哥沒有明確回應，只表示需要時間考慮及與家人商討，有結果後會再與俊傑聯絡。

過了一星期，俊傑仍等不到發哥致電，便主動聯絡他。發哥很喜歡這個小夥子，坦言最近其他地產公司正與他接洽，收購呎價為 1,050 港元，而收地期限可於簽署正式買賣合約後的六個月內完成，看起來似乎比收地易更有誠意。俊傑連忙跟公司反映情況，收地易向輝鴻匯報

及商討後，輝鴻願意調高目標收購呎價至 1,200 港元，並讓收地易自行處理收購項目談判。俊傑再找發哥時，便開出了新的條件：呎價提升至 1,100 港元，收地時限則在四個月內，以正式簽署買賣合約當天開始計算。這一次，發哥心動了，表示可考慮，但交收期限需延長至六個月。

俊傑請示公司，公司指示他回覆發哥需要向輝鴻匯報後才可回應。發哥給他們五個工作天的時間，若然超越此期限，他不排除考慮其他地產商的收購建議。這期間，收地易公司高層召開緊急會議，為令輝鴻認為他們有能力為其爭取更大權益，以便將來負責其他收地項目，收地易決定拒絕發哥延長收地期限的要求，俊傑需要跟發哥繼續就着原方案商討。俊傑只好硬着頭皮再去游說發哥，生怕發哥得知消息後反應激烈。

幸好這幾天發哥也在全面考慮現時的情況：雖然輝鴻比其他地產公司在呎價上只高了 50 港元，但 20,000 呎農

地加起來，他可以多賺 100 萬港元，此差額絕對不是小數目，而總額達 2,200 萬港元的賣地收益足以讓他在移民後買兩三幢房子收租養老。儘管還可與其他地產公司再商討，不過發哥年紀已大，精力有限，寧願快點有個定案好為往後移民作準備。在談判時發哥當然要為自己爭取更多權益，但如果談判過程遇上阻滯，可能還是要在關鍵時刻作出適當讓步，不然很可能少賺了 100 萬港元。

五天後，俊傑來找發哥，反覆強調輝鴻所提出的收購呎價比現時市價更高，亦是所有地產公司中最進取的，可是時間上真的沒辦法再調整。發哥知道自己的真正需要，也早有預期，但仍想爭取更多，便表示假若俊傑未能在一星期內帶回一個更進取的收購建議，他就會積極考慮其他地產公司的收購建議。發哥沒有終止談判，讓俊傑覺得還有商討空間，趁機請求多給予一些時間以便與輝鴻商量。發哥說需於兩星期內回覆其他地產公司的收購建議，給俊傑的一星期已是上限，要俊傑盡快向輝鴻反映他的訴求。

輝鴻了解事情發展，考慮到距離 12 月底的目標收地限期還有接近八個月，而收地易現時談妥的收地價格亦比他們預計的低，願意在收地期限上讓步，延長至五個月內。發哥看到輝鴻的誠意，因此答允賣地，在俊傑安排下簽署正式臨時買賣合約。俊傑完成賣地交易，獲老闆嘉許並升職。而收地易亦因圓滿完成項目，獲輝鴻開出繼續合作的合約。

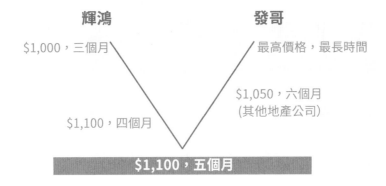

輝鴻

$1,000，三個月

$1,100，四個月

發哥

最高價格，最長時間

$1,050，六個月
(其他地產公司)

$1,100，五個月

圖一　分歧逐漸收窄

看完這個收地交易，你能找到當中談判方各自的真正需要嗎？

當牽涉不同角色和個體，真正需要便不再單一，還有可能受不同個體各自的利益影響。在收地事件中，最理想的解決方法似乎是以合理收購金額成功收購農地並於特定時限交收，這也應該是事件各方的真正需要。但由於涉及不同談判方和角色，當中每個角色的真正需要都不一樣，亦令順利解決事件增添變數。

輝鴻地產公司希望用最少的錢在短時間內收購大批農地作商業發展；收地易公司希望通過良好合作，爭取大型地產公司成為長期客戶；俊傑希望有出色的表現，有望升職加薪；發哥則希望賣地後獲得豐厚利潤，可安享晚年。如果當中任何一方的需要與其他幾方產生衝突，收地過程便有可能出現波折：若輝鴻不信任收地易，在收地時全程參與把控，收地易及俊傑便沒辦法及時應對，失去了和發哥討價還價的空間；若俊傑工作敷衍了事，

沒有和發哥打好關係，後面的談判過程也不會那麼順利。

我們常說「停一停，諗一諗」，在處理衝突時尤其適用。在解決爭議前，必須想清楚自己及對方的立場和需求，也給予雙方冷靜思考的機會，就像收地易和發哥在每次談判前，都爭取數天時間用作公司內部討論，發哥也可以在這期間仔細想清楚自己的處境和需求。加上談判各方都有足夠互信，彼此坦誠交流，在出現問題時也可掌握時機，及時溝通處理、調整應對方式，使這個收地交易得以順利進行，無論哪一方都對結果非常滿意。

你的需求是甚麼？

這個問題看似簡單，但其實無論是自己還是他人，想了解真正需要都不容易。人與人的爭議源於各自的真正需要出現了衝突，小至爭奪水果，大至買賣土地，背後也是同樣的原因。要解決紛爭，我們一定要耐心聆聽、理性思考，考慮清楚雙方的真正需要是甚麼，雙方能夠提供的又是甚麼，才知道該怎樣應對。

在探究真正需要時，可以嘗試問問以下問題：
· 有沒有易地而處，從對方的角度考慮其需要？
· 自己爭取的是甚麼？
　自己的初衷又是甚麼？

當了解衝突各方的立場以及背後謀求的權益，我們也要把握時機，告訴對方打算做出怎樣的行動，主動解決問題，這樣便可建立諒解和互信的基礎，為後面的談判邁出成功的第一步。

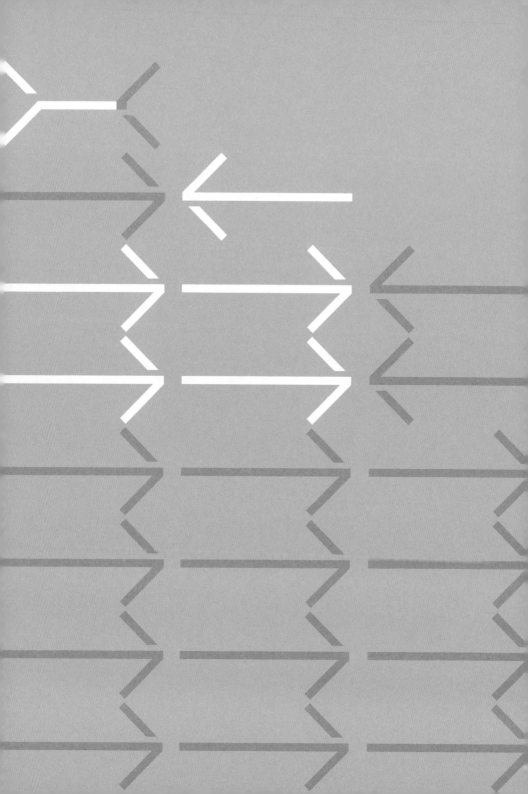

CHAPTER 03

衝突的四種類型

衝突是從人類複雜的思想模式和情緒變化中衍生的心
理狀態。根據字典解釋,「衝突」一詞有以下幾個意思:
· 衝撞、碰撞;
· 兩種或幾種動機同時存在而又互相矛盾的心理狀態;
· 因意見不同而起爭執;
· 以爭吵、磨擦、對立為特色的持久的不合。

在人際交往過程中,衝突便是因為一個人的舉動,影響
或干擾了其他人正常享有其應有或可享有利益的行為。

哪怕是我們自己,也會因為所吸收的各種資訊而出現
相互衝突的思想行為。放諸社會,人與人之間更容易
因不同的教育、宗教、政治、種族、文化背景,以至
價值觀及道德標準等,而產生不同程度的差異、不和
諧、不兼容,甚或對立的衝動和傾向。我們為了維護
自己的真正需要及權益,往往會在無意識間反對、抗
拒及排斥與自己不同的一方,導致無數或大或小的衝
突,最終引發爭議。

爭議源於衝突。要解決爭議，就要由了解衝突開始。
衝突從小範圍至大範圍，大致可分為以下四類：
第一類：源於內部自我矛盾的衝突
第二類：源於人際關係的衝突
第三類：源於小群組的衝突
第四類：源於大群組的衝突

了解這四類衝突的成因和模式，學懂將衝突歸類，我
們就能夠針對衝突來解決爭議了。

源於內部自我矛盾的衝突

這類型衝突是由每個人內心的想法、情感取向、價值
觀和性格特質中衍生而來。當遇到與我們固有想法不
同的訊息衝擊，便會令我們產生矛盾心理，甚至自我
懷疑，影響對事物的判斷及決策。

Kelly 是商業大都會中最典型的女性，在中等規模的公

司擔任會計，每天與數字打交道，期待升職加薪，有一天能買個安樂窩。會計行業看重資歷與證書，近年公司又積極發展內地市場，為了進一步裝備自己，謀求晉升機會，Kelly 報讀了內地稅務課程，每天下班後都要去校外進修學院上課，今天當然也不例外。不過，今天亦是她的偶像：歌手齊高唱出道後首場演唱會的大日子。齊高唱經造星節目出道，獲大批粉絲追捧，舉行演唱會的消息剛公佈，門票便瞬間售罄。Kelly 屬無緣搶票的一批，她只好自我安慰：反正當晚要上課，也去不成。

誰知今天一大早，好友 Polly 來電，說她多了一張演唱會門票，還是第二行「握手位」。Kelly 興奮得大叫，沒想到竟然那麼幸運，可以與偶像有近距離接觸的機會。但隨即她猶豫了，理性思維告訴她，不應該為了享樂而耽誤學業。魔鬼與天使同時在她腦海出現，爭執起來：魔鬼說，她不應放棄這麼難得的機會，應該去偶像的演唱會；天使反駁，進修課程有助改善將來

的生活，而且這是考試前最後一次上課，不容有失，
不應貪圖短暫享樂而放棄學業，影響日後的發展藍
圖。Kelly 看看天使，又望望魔鬼，不知如何是好。

這個畫面熟悉嗎？在我們日常生活中，差不多每天都
會出現類似 Kelly 這種源於內部自我矛盾的衝突。這類
衝突主要是我們的心理狀態出現了矛盾，不同的觀念
與處理方法在我們腦海中打架，沒有對錯之分，卻必
須要做出選擇，因此令我們份外迷惘。源於內部自我
矛盾的衝突較其他衝突類型簡單及單純，處理起來也
不難，嘗試回想初衷，考慮清楚自己的真正需要，解
決問題的方向便會自然出現。

源於人際關係的衝突

與人交往的時候，如果各人對事件持有相反或不完全
吻合的觀點或想法，就有機會衍生人際關係的衝突。
因為這類型衝突在人們相互交流時出現，所以交往越

是頻繁、關係越緊密的人,越有可能產生此類型衝突。
譬如:工作時的同事、上司,其他工作夥伴;家庭裏
的父母、配偶、兄弟姐妹、子女;生活中的老師、同學、
鄰居等。

2019 年中,香港因《逃犯條例》修訂草案引發連串社
會爭議,大學生浩朗和同學一樣,極力支持「反修例
運動」,每週都會上街示威,晚上也會到宿舍附近的
公園和志同道合的夥伴一起唱歌、分享。有個週末浩
朗正在遊行,卻接到家裏打來的電話,爸爸問他在哪
裏,讓他馬上回家。原來浩朗的爸爸在報導遊行的新
聞中看到兒子接受訪問,這才知道他的政治立場,頓
時人為光火。

浩朗回家後,爸爸下令他不得再參與任何政治活動,
也要刪去手機中的匿名政治群組,以免影響學業和前
途。浩朗感到爸爸完全不尊重自己,也沒有認清現在
的社會狀況和青年的付出,十分不滿。兩父子爭吵了

整晚，仍無法說服對方。浩朗躲在房中跟同學抱怨爸爸專制、封閉，害怕若哪天被捕便會孤立無援；他的父親也忍不住打電話給多年好友，訴說兒子不聽管教的苦悶和對社會前景的擔憂。

在人際關係的衝突中，政治事件是其中一樣最容易引發爭議的因素，當個別家庭成員的政治觀點及取向與其他成員不一致，就會導致個別成員或整個家庭出現誤解及猜疑，由此產生激烈的對抗情緒。「反修例運動」便令不少家庭出現衝突，除了父母與子女爭執，甚至有夫婦因政治立場不同而離婚，令原本和諧的關係分崩離析。

政治事件容易引發衝突，是因為在不同的政治立場背後，反映了人們在價值觀、道德標準等更深層次的矛盾。然而在激烈的情緒掌控下，爭議雙方往往忘了以客觀及正面理性的思維模式去分析事件，寧願選擇偏聽偏看，只接收與自己有共同思維模式及傾向的觀點

或「事實」，堅信自己所理解的才是「事情的全部」，繼而將某些不合理的社會現象進行不同程度的美化，進一步鞏固自己的觀點。而家人之間的緊密關係，使人們藉此迫使整個家庭去跟隨他的立場，如果家人想法不同，也會由立場衝突衍生至對家人的不認同、不支持等情感層面。

人際關係的衝突之所以難以調和，正因為當中牽涉了感情。混雜了立場與情緒的對抗或衝突，大大破壞家人之間的關係，也使爭議超出了原本對事件的看法差異，演變成感情上的互相傷害。因此，在處理這類型衝突的時候，首先應從修復關係着手，思考雙方執着於本身立場背後的訴求是甚麼。

浩朗積極投入政治運動，同時也擔驚受怕，尤其當社會運動越趨激烈，示威人士和警方屢屢爆發衝突，他也害怕被捕，渴望得到家人的支持和關心，讓他知道自己不孤單。至於浩朗的父親沒有任何政治傾向，只

覺得香港能維持穩健的經濟發展，兒子將來不用擔心工作，有好的前途便足夠了。浩朗的行為卻引發他深深的憂慮，兒子積極參與社會運動，他還有精力好好學習嗎？萬一被捕，將來找工作會不會很困難？

無論是浩朗還是他爸爸，在政治立場的衝突背後，其實真正需求是一致的，都是對家人的關心。當他們坦白衝突背後各自的需求，就會明白對彼此的愛和關懷，然後再在此基礎上重新尋求事件的解決方法。就算立場無法更改，兩父子也可以多溝通，增進了解，才不至於因情緒影響家庭關係，更不會因此而爭吵及疏遠了。

源於小群組的衝突

這裏指的是在大團體內，一群人和一群人之間的衝突，例如公司裏的不同部門，不同學校的學生等。這類型的衝突於日常生活中也很常見，小群體在大團體

帶領下，存在着共同或類似的目標、理念或利益，在達成目標或爭取利益的過程中，所有小群體都會努力從一眾群體中脫穎而出，遇上逆境時甚至不惜採用非常規手段擊敗其他對手。可是也由於使用不正當的手法，結果不只自己所屬小群體的利益受損，也影響整個大團體的表現。

保安心保險公司是一間跨國保險集團，在本地保險市場也是位列三甲的上市保險公司。2018 年開始，本地經濟不穩、社會紛爭頻生，為激勵員工積極投入工作，公司管理層於 2019 年 1 月初宣佈，如任何團隊今年的業績表現比 2018 年增長 10%，將獲發放額外相等於六個月薪金的獎金，令各團隊十分興奮。

保安心內有兩大龍頭團隊：雄鷹和揚帆，都對此次獎金虎視眈眈。2019 年 4 月初，兩隊的業績相當不俗，雄鷹已完成往年整體業績的 40%，相比起往年同期增長 20%；揚帆則完成了往年整體業績的 35%，比往年

同期增長 15%。在好成績鼓勵下，兩隊都積極舉辦活動開拓客源，期望業績繼續提升。

然而到了 7 月初，兩個團隊的業績差距拉大了：雄鷹完成了往年整體業績的 70%，比往年同期增長 15%；揚帆卻只完成了往年整體業績的 50%，相比起往年同期業績仍增長 10%。為令自己的團隊更快完成 2019 年指標，兩隊的高層都不敢怠慢，讓員工分析保安心和其他市場競爭對手的產品差異，提升其專業度，令客戶對公司更有信心。

不過，首兩季業績表現已對兩個團隊的員工產生了不同的心理影響。受良好業績鼓舞的雄鷹團隊員工對完成指標抱着樂觀及正面態度，並且繼續努力透過不同宣傳渠道向市場推廣保安心的產品，積極尋找潛在客戶。相反，揚帆團隊員工卻受落後的業績數據影響，大部份員工對於完成 2019 年的業績指標均抱着不樂觀態度，部份人更感到迷惘和氣餒，工作動力也隨之下降。

截然不同的心理狀態，促使兩個團隊的業績差距進一步擴大。到了 9 月底，雄鷹已完成往年整體業績的 90%，相比起往年同期提升了 25%；揚帆則只完成了往年整體業績的 60%，相比起往年同期還倒退了 5%。直至 12 月初，差距更為明顯：雄鷹已完成往年整體業績的 97%，相比起往年同期高了 15%；揚帆僅完成往年整體業績的 62%，相比起往年同期倒退了 40%。

此時揚帆團隊員工清楚明白無論如何努力，期望於一個月內達標簡直是奢望，就算只是追平往年整體業績也不太可能。在悲觀情緒籠罩下，揚帆團隊萌生歪念，放棄用正當手段與雄鷹團隊公平競爭，將工作焦點放在向市場發放對保安心和雄鷹團隊的不利謠言上。雄鷹團隊於是忙於向潛在客戶澄清謠言，以免客戶流失，已沒有精力再拓寬市場份額。當找到散佈謠言的源頭後，兩個團隊也撕破看似和諧的表象，團隊成員不時針鋒相對，將不少工作時間浪費在人事紛爭上。

於是到了 2020 年初，保安心向員工公佈 2019 年業績
顯示，雖然雄鷹團隊盡全力做好銷售工作，也只完成
往年整體業績的 98%；揚帆團隊的業績更出現嚴重
倒退，僅完成往年整體業績的 62%。最終保安心公司
的全年整體業績不但沒有增長，反而比 2018 年倒退
30%，更要花費大筆資源作宣傳，以改善公司形象。

保安心公司的經歷，是職場上典型由追求共同利益，
演變成互相競爭以至衝突的例子。追逐利益的時候，
我們很容易受身邊和自己身份、背景差不多的人所影
響，出現攀比心態，比成績、比業績、比獎項等一切
可以量化量度的指標。在比較中我們漸漸迷失，將焦
點放在「怎麼比人好」上，忘記了最初的追求。

一開始，無論雄鷹團隊還是揚帆團隊，目標和真正需
要都是通過努力奮鬥，爭取豐厚獎金。然而隨着時間
過去，兩個團隊的成績出現差異，良性競爭轉趨惡化。
在揚帆團隊成員看來，自己得不到的利益，也不應落

在別人手裏，這樣攀比、自私的心態促使他們改變初衷，轉而抹黑雄鷹團隊，阻止他們提升業績。而雄鷹團隊在這情況下也難以專注於業務上，需要抽時間來應對揚帆團隊的抹黑。最後，兩個團隊都無法達成既定目標，滿足真正需求。因此，在出現群組衝突時，置身群組中的人必須保持冷靜，想清楚群組的真正需要，不然就會像揚帆團隊一樣，既向錯的方向努力，也破壞了和同儕的關係，得不償失。

源於小群組的衝突和源於人際關係的衝突的最大區別，在於它帶來的影響範圍更大更深遠。就像保安心公司兩個團隊的惡性競爭，導致公司業績大幅倒退，無法達到維持業績穩定增長的目標。保安心公司還要面對公司形象變差，內部團隊不和以致效益下降、人才流失等各種難以解決的問題。小群組衝突波及的不僅僅是一年的業績，甚至影響了往後公司的長遠發展。由此可見，及時解決衝突十分重要。若保安心公司及時意識到團隊間的衝突，懲罰散播謠言的員工，

緩和兩個團隊的關係，尋求其他激勵員工的方式，說不定就能挽回公司的損失了。

源於大群組的衝突

這類型衝突通常發生在不同群體之間，多是各持份者對基本原則有分歧而出現了矛盾。大群組的衝突有很多形式，可以是不同社區、不同跨國企業集團，甚至不同國家間的衝突。和前三類衝突不同，此類衝突往往難以解決，甚至被長期擱置。這是由於衝突涉及基本原則，爭論的議題、爭議各方的規模和影響力遠較小群組大，參與的角色眾多，各自的真正需要和利益也變得複雜，各持份者憂慮因處理不當而產生嚴重後果，所以一般情況下都缺乏動力主動嘗試解決衝突，也不願意投放太多資源去解決問題，「拖字訣」成為最佳的應對策略。

2019 年 11 月，中國在南沙群島花了五年多時間打造的

三個人工島曝光，使南沙群島主權爭議再度浮面。「南沙群島」指的是中國南邊總面積將近 90 萬平方公里的 230 多個島、洲、礁、沙及灘，不少亞洲國家或地區都聲稱自己擁有全部或部份群島，又或者群島附近 200 海里的專屬經濟區，其中包括中國大陸、台灣、菲律賓、越南、汶萊、馬來西亞及印尼等。南沙群島附近海域除了漁獲比較豐富外，更重要的是蘊含豐富的石油資源和佔據戰略地利，其商業及軍事價值均引發各方爭奪。

中國與越南曾因南沙群島主權爭議爆發了軍事衝突，1988 年 3 月的赤瓜礁海戰，兩國軍隊激烈交火。多個東南亞國家也曾與中國就南沙群島或附近海域的主權引發衝突，令區域關係不時陷入緊張局面。為減少國與國之間的磨擦，2000 年，中國與東盟在東盟峰會期間簽署《南海各方行為宣言》，各國期望《宣言》有助促進南沙地區和平發展。然而其後十數年至今，各國在南沙群島的爭議仍不時出現。

南沙群島爭議恰恰反映源於大群體的衝突之特性：基本原則的分歧。對任何一個國家來說，領土主權都是不容侵犯的，對主權的維護使各國不願主動退讓，產生矛盾時也完全沒有讓步的空間，令解決衝突變得份外艱難。

當這類衝突出現，往往難以依靠調解技巧處理。可能有人會問：「難道要任由衝突繼續存在甚至惡化，終有一天爆發大戰嗎？」我們倒也不必灰心，若遇上這類衝突，可以換個角度思考。

已故中國國家領導人鄧小平曾於 1970 年代就中國面臨的領土爭議提出解決方向：「擱置爭議，共同開發」。放在面對源於大群組的衝突時，這也是一個可行的做法：先放下爭議，找到各持份者的共同需要或利益，然後一同探討，為將來解決爭議創造和平互信的基礎。好比在南沙群島事件上，儘管多年來爭議不斷，但各國也從大大小小的衝突中汲取歷史教訓，明白假

若發生區域戰爭，不免出現人命傷亡，也會大大打擊本國經濟，影響國家的國際聲譽，導致嚴重負面後果。在維持國內經濟增長、維護國際交往的共同利益驅使下，各國都傾向以較溫和克制手法宣示主權，盡量不影響與別國的關係。看似消極的拖延手法，其實可以爭取更多時間，緩和各方關係，再處理雙方的深層分歧。

看到這裏，相信你已經懂得分辨四類主流衝突的模式。無論是 Kelly 猶豫去上課還是看演唱會，浩朗和父親因政治局勢而爭執，保安心公司內兩大團隊的競爭，抑或各國圍繞南沙群島的主權爭議，當中都有一個最重要的元素：人。人與人在相處期間，因不同的利益與需要產生衝突，而在人格特質上的差異，也使我們出現不同的心態及處理方式。當了解自己置身在哪一類衝突中，我們就可以作出初步判斷，再針對衝突類型的特質思考解決辦法。

CHAPTER

04

五種爭議者處理衝突的模式

甚麼是人格？「每個人都知道，但沒有人能說清楚。」
近半個世紀前，美國的心理學教科書上便有這樣一段
話。人是思想複雜又充滿情感的智慧生物，在面對爭議
時，自我保護為人蒙上了一層護盾，使我們難以通過表
象了解他人的真實想法。

如果說，只需要通過兩個特質，便能拆解「爭議」這道
難題，你相信嗎？

解決爭議的鑰匙是「人」，了解人的秘訣就在於其「行
為特質」。早在 1970 年代，美國學者 Kenneth W. Thomas
和 Ralph H. Kilmann 便歸納總結了五大衝突處理模式
（Thomas-Kilmann Conflict Mode Instrument），期望幫助我們
從個人行為特質上了解爭議各方的真正想法和應對模
式，判斷衝突的走向，以便更好地處理爭議。

中醫常說要「對症下藥」，處理爭議也一樣。在看病時，醫生首先會給我們辨症。那麼，我們要怎麼為衝突「辨症」呢？專家教導，可以從以下兩種個人行為特質來判斷衝突所屬類別：

一、果斷程度

個人在談判中的議價能力及自信程度，並以實際行動配合、支援及實踐所持意見的積極及主動程度。

當人有足夠的議價能力或信心，自然能在談判時佔據主導地位，將談判引導往對自己有利的方向，也會更加堅持既定的立場，不願讓步。而沒有議價能力的人，則相對容易退讓，以免衝突惡化，進一步危及自己的利益。

二、合作程度

個人在爭議中願意嘗試去聆聽、了解、分析及接納其他不同意見的持份者之包容程度。

在談判時保持開放態度，便更容易站在對方的角度考慮，從而調整預設，甚至謀求合作雙贏。如果持份者不願合作，堅持己見，談判時的討論空間也會隨之收窄。

衝突中的一切行為，皆受這兩種特質影響。以下介紹 Kenneth W. Thomas 和 Ralph H. Kilmann 的五大衝突處理模式，便可看到在這兩種行為特質互相拉扯下，可以令衝突出現怎樣的轉變。

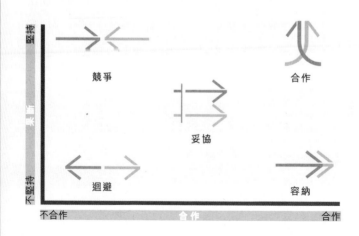

圖二 行為特質與處理衝突模式的關係圖

容納模式（Accommodating）

這種模式的特質是聚焦及高度關注其他持份者的目標及期望，當持份者的合作程度高，同時果斷程度低時便會出現。在談判過程中，持份者願意聆聽其他持份者的意見，考慮改變自己想法、價值觀及行為，在有需要的情況下，甚至放棄某些對自己影響較輕或回報較小的目標和期望，以滿足其他持份者的願望和目的，作為向對方釋放善意的實際行動，藉此達致正面的談判結果。容納模式常出現在商業談判中，企業為求業務順利發展，往往願意主動出擊，及時解決爭議。

忠叔在內地開林木場，種植各種觀賞林木出口銷售。對他來說，每逢秋冬是銷售旺季，歐美客戶因聖誕佳節需要入口大批聖誕樹，華人市場又因農曆新年臨近而購買大量小盆栽。然而最近他卻十分煩惱，原因就出在聖誕樹上。公司與德國的客戶合作多年，8 月初給客戶運了2,000 棵聖誕樹，怎知對方 9 月收貨後表示，其中 100

棵樹不符合約所定的標準，要求全部退貨。

由於德國的聖誕樹銷售期長達三個月，此時退貨再補運已來不及，來回運費也是一筆龐大的開支。德國客戶的訂單佔公司全年收入 40%，十分重要，忠叔為免加劇損失，決定及時向客戶致歉，並主動讓步，提出新的解決方案：客戶可以 80% 的價格購買聖誕樹，作為供應了100 棵次貨的補償。

客戶及時收到致歉，感受到忠叔的誠意，也明白重新訂貨的困難；以八折購買聖誕樹更可減低銷售成本，彌補100 棵次貨的損失，便答應了忠叔的解決方案。由於忠叔及時致歉，提出新的方案，客戶對他的合作態度十分滿意，更表示將來仍會與他的公司繼續合作。忠叔總算放下心頭大石，過個安樂年。

忠叔為何會選擇退讓呢？這是由於他處在果斷程度低而合作程度高的處境。相比起訂了 2,000 棵聖誕樹的大客

戶，忠叔沒有太多議價空間，處理不當以至客戶流失會給他的公司帶來更大衝擊。為免影響與客戶的關係，忠叔也傾向以更開放、更合作的態度應對爭議。忠叔的真正需要是賣樹賺錢，儘管八折賣樹令他收益減少，可是維繫了客戶關係，也得以確保將來的客源，他寧可為了長期利益承受短期的損失，這便促使他傾向以容納模式來解決衝突。

退一步海闊天空，持份者的退讓，雖然在某程度上背離了當初的目標和期望，但其實是經過深思熟慮，為長遠收益而放棄目前利益的折衷辦法。處理此類衝突時，我們需要及時道歉和主動提供新方案，這樣既可平息對方不滿，也可建立溝通平台，令各方得以在和諧的氣氛下集思廣益，正面討論衝突議題，商議能滿足各方所需的解決方案。這種談判模式不但能妥善處理各持份者的真正利益，還能維護彼此的友好關係，不影響將來繼續合作交流。

迴避模式（Avoiding）

談判時，各持份者往往情緒高漲。在這樣的激烈氣氛中，持份者或會蓄意迴避與其他持份者對話，整個談判過程只聚焦自己的利益，從來沒有意圖去協助對方實現他們的目標或期望。正如看電視時看到恐怖情節，我們會下意識躲在他人背後或閉上雙眼一樣，若意識到其他持份者在衝突議題上存在着與自己不均等的議價能力，加上對方在談判過程情緒強烈、立場鮮明，持份者就會嘗試以不合作的態度迴避，以避免產生更嚴重衝突。

中國人的社會主張「以和為貴」，為免引發衝突，出現問題時多數選擇以逃避的方式應對。我們日常生活中經常出現迴避模式：在連鎖快餐店吃飯時吃到發臭的食物，相比起向店員投訴，我們頂多罵上幾句，下次不再光顧，用逃避行為防止下次遭受損失；小孩子被頑皮的同學欺負，向父母哭訴，父母最多安慰幾句，讓孩子下次不要再跟那位同學一起玩便算了。

逃避、拖延、轉移話題，都是迴避的方式，反映了持份者本身缺乏信心及動力爭取自己的需要和權益，又或者不知道要怎麼解決衝突，便索性不去面對。就像前面提到的南沙群島主權爭議，各國也傾向以迴避的模式應對一樣。這是持份者果斷程度和合作程度都偏低的表現。

我們常說做人要主動積極，但迴避不全然是壞事，視乎所面對的情況，迴避反而可能產生更理想的正面效果。採用迴避手法某程度上也會打亂其他持份者的談判策略。要是對方有迫切需要解決問題，這個談判模式便正好產生正面化學效應，驅使對方讓步。有時候，為免破壞彼此關係，迴避也是一種解決方法。

Sandy 跟 Michael 結婚後不久便懷孕了，兩夫婦初為人父母，哪怕 Sandy 已辭職在家，依然手忙腳亂，Michael 的媽媽麗姐便主動提出同住，以便照顧兩人。誰知相見好同住難，麗姐搬來後常常和 Sandy 發生衝突。麗姐早睡早起，每天早上起床後便開始做家務、煮早餐、和街

坊打電話閒聊，Sandy 懷孕後作息時間改變，上午正是她睡覺的時候，卻往往被麗姐吵得難以入眠。麗姐覺得媽媽和胎兒都需要大量營養，每餐飯做得特別豐盛，還逼着 Sandy 都吃掉，但在 Sandy 看來，只要維持充足營養便夠了，不用刻意補充。兩婆媳因意見不合紛爭不斷，Michael 無奈之下勸麗姐搬回家，改為每週將補品送到兒子媳婦家中，讓 Sandy 得到休息，麗姐也可以繼續關心照顧兩夫婦。

其實麗姐搬回家依然沒有解決婆媳間的矛盾，但當兩人不再置身同一屋簷下，見面的機會少了，磨擦也相對減少，更容易和平共處，使迴避模式促成了正面結果。麗姐與 Candy 的衝突源於兩代人的觀念和行事作風不同，雙方都只覺得自己是對的，很難讓步或改變。在這種情況下，迴避問題成為了其中一個可行的選項。無論是 Michael、Sandy 或麗姐，維持良好的婆媳關係都是他們的最大期望，如果減少共處時間已能達到這個目標，便無需再經歷為解決婆媳爭議而談判爭執的過程了。

當然，在大部份情況下，若持份者期望談判能取得較正面的成果，主動應對絕不可少。如果凡事都抱着守株待兔的態度，不主動面對衝突，也不考慮任何談判策略，一般而言很難令談判有正面進展。

合作模式（Collaborating）

容納模式是其中一方主動追求合作機會，迴避模式則是其中一方態度不合作，那麼如果談判各方都積極尋求合作呢？這時，合作模式就出現了。

合作模式乃各持份者都清楚明白自己及其他各方的目標或期望，並在談判過程中明顯表現對各方不同利益的高度關注。這就建立了互信的基礎，令各持份者都願意以合作及尊重的態度正面面對爭議，在可行情況下以妥協方式實現各自的目標或期望。在各持份者積極參與和通力合作下，重新構建溝通平台，間接為各持份者創造了更廣闊的談判空間。

合作模式需要談判各方花費大量時間和精力溝通，就着各持份者的不同利益進行建設性討論，從而探討出可以令各方滿意的解決方案。在處理較複雜的爭議時運用此模式，效果更為突出。

2020 年對學生來說是最艱難的一年。新冠肺炎全球肆虐，政府為避免疫症在社區爆發，宣佈學校停課。育英才中學的學校高層為免學生學習中斷，推出網上教學課程，以及新政策：學生遇到學業上的問題，可以 WhatsApp 詢問任教老師，老師將及時解答學生疑難。

Miss Chan 畢業後便回到母校育英才中學任教中六英文科。遇上疫情，被迫在家工作，Miss Chan 仍維持正常上下班時間，每天辛辛勤勤準備網上教學材料、監查學生學習進度、解答學生和家長疑問，忙得不可開交。這樣敬業的老師，從沒想到自己會被學生家長投訴。

收到副校長電話詢問時，Miss Chan 十分震驚。原來，

她的學生俊仔上週五深夜 WhatsApp 給她，問一道英文功課，Miss Chan 第二天看到訊息時，因已過上班時間，便打算星期一早上再回覆。誰知俊仔等到星期日仍等不到答案，便跟家長抱怨，焦急的家長隨即致電學校，投訴老師不理會學生。Miss Chan 跟副校長解釋清楚事件因由，並坦言難以全天候回覆學生訊息，副校長也表示理解。

其後學校接連收到家長和學生投訴，與此同時，又接獲教師反映，學生和家長不分時段問問題，問題瑣碎重複，令他們疲於應對。為了盡快平息新政策引發的各方不滿，學校管理層邀請家教會的家長和老師代表、學生會的學生代表，四方共同展開網上會議，以便商討解決方案。

會議上氣氛融洽，大家都希望盡早解決問題，以免對學生的學業造成影響。對各方來說，確保學生掌握所學知識、能夠安心準備公開考試是重中之重。老師代表表

示，願意在這段非常時期抽出工作以外的時間，為學生解答問題。其餘三方也理解教師不可能二十四小時工作，要他們三番四次回覆大同小異的問題也會佔用大量準備教材的時間，令學生得不償失。幾番商討後，各方達成共識：學生和家長可在星期一至五指定的三個時段、週末指定的兩個時段解答疑問，問題由每班學生代表和家長代表提前收集，教師統一作答。政策修訂後，各方都有規則可依循，也不再出現任何不滿情緒了。

合作模式能否解決爭議，關鍵在於各持份者之間是否存在高度互信及默契。在育英才中學的投訴風波中，學校管理層、家長、老師、學生都相信其他三方願意正面解決問題，也有着給學生提供完善教育、排難解惑的共同願望，儘管處理衝突時仍需要各方多次開會商討，但整個過程一直有正面進展，最後在大家互讓互諒的情況下達成共識，得出明確規定回覆訊息時間的解決方案，順利地處理好爭議。

競爭模式（Competing）

與合作模式相反，競爭模式的持份者就不太合作了。當持份者高度關注自己的目標或期望，強烈捍衛本身立場，同時忽略或不太關心其他持份者的目標或期望，就很容易形成競爭模式。

競爭模式的特點在於持份者堅持己見，亦不會尋求合作或妥協，憑着滿滿的自信心及議價能力，在談判時以較強硬的姿態進行角力，步步進逼，促使其他持份者在漫長的談判中付出代價，被迫採納自己的意見，逐步實現自己的目標或期望。

在競爭模式中，爭議各方看似是對手，其實他們謀求的仍是達成各方滿意的處理方案。這個世界上沒有永遠的敵人，單靠競爭也不可能解決問題。「競爭」只是一種手段，迫使立場不及自己堅定的他方讓步，令談判向對自己更有利的方向發展，最終持份者的最大目標仍是順

利解決衝突，達至雙贏。

自從網約車平台 Uber 打入香港市場後，便為港人提供了的士以外便利的出行選擇。儘管 Uber 在港仍受法律問題困擾，卻對本地的士業界造成極大衝擊。的士業界惟恐 Uber 搶走他們的生意，令的士牌價下跌，影響收入，屢屢示威抗議，要將 Uber 趕出市場，兩方衝突持續不斷。

Uber 為鞏固市場地位及拓展生存空間，提出與的士業界的合作方案「Uber Flash」（網召的士服務）。他們邀請的士司機加入平台，司機簽署同意書後，就可以參與平台上之的士召喚服務，擴闊客源。可是方案遭到 35 個的士團體反對，佔本地的士團體 70%，認為這是變相幫平台宣傳。直至 2019 年中社會運動頻頻，經濟轉差，市民減少外出，的士業界生意慘淡，司機叫苦連天，越來越多司機加入平台尋求客源。截至 2019 年 12 月，加入 Uber 的的士司機急升 30 倍，調查顯示當中更有司機

平均收入增加超過 20%。

網約車平台與的士司機明顯是競爭對手，當中 Uber 財雄勢大，受到追求便利的市民和想賺外快的司機歡迎，在面對衝突時具有談判優勢。的士司機團體眾多，每個團體的目標和期望都有差異，彼此其實也屬於競爭關係，當外在的社會環境出現轉變，危及生計，部份的士司機連一日三餐都出現問題，便寧願放棄本身立場，轉而加入「Uber Flash」。這時，Uber 不再是其競爭對手，反而成為了協助他們增加生意額的合作夥伴，網召的士平台也成了可滿足雙方需要的解決方案。

外在環境可以對持份者的心態和行為產生很大影響。因此，競爭模式尤其適用於預設了死線的衝突議題。如果衝突迫切地需於短時間內解決，當持份者果斷提出適當的解決方案，以加快整個談判節奏，而對方也意識到時間不多，便願意放棄部份次要利益或調整期望，改為支持持份者提出的方案，使雙方在最短時間內達成共識，

彼此皆可獲益。

在這種情況下，競爭模式的最終談判結果與迴避模式甚為相似：藉着時間緊迫作為談判工具，增加自己的議價能力，並引導其他持份者考慮接受己方提出的方案，達致雙贏的結果。

妥協模式（Compromising）

當各持份者議價能力相若，也在一定程度上了解及接納對方的議價能力、目標或期望，在討論解決方案時，妥協便成為一種有效的處理方式。談判各方經過一番角力後，都明白協商是唯一出路，並以新的替代方案滿足各自的部份目標及期望，藉由權宜之計解決爭議。

或者有人會問：「既然都是妥協，那跟容納模式、合作模式又有甚麼分別呢？」運用妥協模式處理衝突的前提，是各持份者在議價能力上勢均力敵，同時清楚了解

本身的處境和需要。沒有一方因處於較被動的位置而妥協（容納模式），各方也沒有特別積極主動地妥協（合作模式），妥協只是各持份者深思熟慮後看到的最簡單的協商方式，替代方案則是各方妥協後的折衷辦法。

買得抵家品公司又開設新門市了。這次同樣找了合作多年的麗舍室內裝修公司負責店舖室內裝修。麗舍為買得抵裝修多間門市，這次同樣迅速完成工程。由於麗舍只負責裝潢，對於店舖內裸露的喉管，裝修師傅只塗上一層與裝潢風格相配的顏色，便完成工作。半年後，麗舍卻收到來自買得抵的告票，表示因裝修導致喉管爆裂，漏水至隔壁的時裝店，店主要求賠償 50 萬港元，作為重新裝修和財物損失的費用，買得抵於是向麗舍追討。麗舍認為，他們在裝修期間除了鬆油便完全沒有碰過店內喉管，這也是他們為買得抵裝修的一貫做法，喉管在裝修半年後才爆裂，可能是因為老化等其他原因，與他們無關，因此拒絕負擔賠償費用。買得抵卻覺得不可能只由他們支付賠償，當初負責裝修的麗舍也要承擔損

失。雙方各執一詞，多番商討後不果，惟有尋求調解機構協助。

在談判桌上，買得抵指出，他們與麗舍合作多年，往後仍會有工程往來，如果因為這件事引致日後無法合作，對麗舍來說是得不償失。在麗舍看來，兩間公司的糾紛已令他們很久沒有接到買得抵的裝修工程。雖然買得抵只是麗舍的客戶之一，但畢竟也是生意，而且雙方合作多年，熟悉彼此的要求及工作質素，考慮到買得抵未來數年將在各區開十數間分店，若能繼續合作也是一筆穩定收入，足以彌補無故賠償的損失，麗舍便提出可賠償5萬港元。買得抵當然不願答應，表示希望一人一半，即麗舍要賠償25萬港元。麗舍考慮後，為免引發更大衝突，提出了新的替代方案：支付10萬港元作為部份補貼，而兩間公司未來三年須繼續保持合作。

在麗舍的角度，若兩間公司繼續合作，這10萬港元遲早能賺回來，但如果現在的衝突無法解決，以至鬧上法

庭，也要花費差不多的錢來支付律師費用，開支相差無幾，於是他們寧願妥協，在雙方仍可和平談判時解決事件。至於買得抵考慮後，想到賠償給隔壁店舖的費用仍可商討，不一定真的要賠整整 50 萬港元，最後說不定只需要賠 20 多萬港元，但若和麗舍無法就價錢達成共識，最終要依靠法律判決，買得抵並沒有足夠的法律理據確保自己勝訴，到時說不定一毫子也拿不到。現在至少可取得 10 萬港元，彌補喉管漏水招致的損失。權衡利弊後，買得抵也決定妥協，接受麗舍的替代方案，令衝突得以解決。

知己知彼方能百戰百勝，這裏說的「勝」並非指一方壓倒另一方，而是圓滿解決衝突。要記住，在處理衝突時輸贏並不重要，各持份者在相互溝通的過程中，找到彼此都能接受並獲益的方案，才能真正解決問題，締造和諧關係。

爭議有不同的成因和發展模式，了解爭議各方的真正想法、打算怎樣面對和處理問題，是解決衝突的關鍵。在面對爭議時，我們每個人可以做的，便是在一團糟的混亂局面中：

· 釐清自己和其他持份者的真正需求和目標；
· 評估衝突所屬的類型；
· 針對各持份者的行為和態度，以及外在影響因素，選擇最可行且有效的應對之道。

根據「病徵」抓對了藥，自然能藥到病除。

CHAPTER

05

引發爭議的
八種源頭

我們上生物課時都見過甚至親手解剖過牛眼，大學醫
學院更有解剖課，讓學生解剖青蛙等動物甚至獲捐贈
的遺體。為甚麼要學解剖？當然不是人類的暴虐基因
作怪。解剖學是了解人類及其他生物內部構造的學
科，通過觀察、觸碰以了解身體的本源，認識到體內
器官如何運作，進而懂得怎樣對症下藥，救死扶傷。
面對衝突時也一樣，我們要仔細剖析爭議的成因，才
能真正解開矛盾。

引發爭議的源頭很多，正如真正需要一樣，導致衝突
的事件和各方堅持的立場往往只是最表面的行為。要
是我們像剝洋蔥一樣一層層剝開爭議的面紗，就會發
現，真正的成因其實來自性格本質、價值道德觀、角
色地位等深層次問題。

美國家庭心理治療大師 Virginia Satir 曾提出「冰山理論」（Iceberg Model），指出人類的表象與內涵並不一致。我們外在的行為和應對方式，就如一個冰山露出水面的部份一樣，然而這部份只佔冰山的八分之一，水面下的八分之七，才是我們真正的心理感受，像是：觀點、期望、自我核心價值等。爭議便是冰山，露出水面的是眼睛能看到的立場和行為，水面下看不到的八分之七才是最根本的關鍵。好比兩夫婦為了晚飯吃甚麼爭吵，誰都知道吵的肯定不是「今晚食乜餸」，而是藏在情緒下的種種性格、價值觀、生活方式的不合。

因此，要妥善解決爭議，除了識別真正需要、衝突的類型和處理模式，我們還要追本溯源，認清爭議的成因。以下將一一介紹引發衝突的八種主流原因。

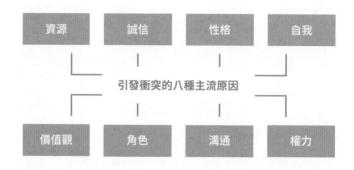

一、資源

地球資源有限，而人類慾望無窮。這是經濟學產生的原因，也是衝突出現的源頭。我們總不滿足於已擁有的一切，總想得到更多，如果有人跟我們搶奪資源，而我們跟對方並沒有建立友善的關係，缺乏信任，就會極力維護本身的利益，不願退讓。「怕執輸」的心理也令我們容易因爭奪資源而產生糾紛。例如每當商品缺貨或出現限購時，人們常會一股腦地哄搶，不管自己有沒有實際需要，令真正有需要卻買不到的人心生不滿。

源於資源的衝突多是言語衝突，像是顧客在搶奪限購商品時特別容易爭吵起來。要解決因資源不足或分配不均導致的爭議，我們可以從宏觀角度着手：了解對方的真正需要，在共同的平台上重新探討資源分配。

蘇太依靠收租為生，志光是她的租客。早在兩年前兩人簽訂租約時，蘇太已提醒志光，兩年後若續租，將視乎到時市況調整租金。到了第 23 個月，蘇太提醒志光交租時，有意無意地提及近年樓價高漲，住宅租金也升了很多，又了解志光的工作情況，詢問是否有意願續租。志光忙訴說工作辛苦，加薪遠追不上通脹，雖然他很喜歡蘇太的單位，但若加租肯定難以負擔。

到了續租時，蘇太坦言同一屋苑其他單位的租金叫價已比現在志光的租金高 20% 至 30%，她也理解志光的情況和想法，兩年相處下來，知道他是個好租客，但自己也要靠租金生活，所以希望加租 15%。志光表示只能負擔 10% 加幅，又重申自己一向準時交租，兩人

關係良好，如果無法續租，他們各自都要重新找住處
和新租客，還要再付一筆經紀佣金。蘇太考慮後，認
同志光的看法，最後以 10% 租金加幅與他續約。

業主和租客為了租金加幅拉鋸的場面在香港十分常
見，從源頭分析，我們就會發現，業主加租是為了擴
闊資源（賺更多錢），但其實這個行為變相搶走了租客
的資源（將更多薪金用於繳付租金），所以出現了資
源衝突。蘇太的處理手法便為我們做了教科書式的示
範。首先，她在簽約時已提醒志光將來有可能加租，
讓他有心理預期。提出加租前先了解志光的期望和目
標，同時跟他分享租賃市場現況，這樣也可製造親和
感，令兩人更容易互相理解，避免出現敵對情緒。而
到了真正談判的階段，蘇太從同類單位的租金這個敏
感話題入手，引導志光考慮他們真正需要討論的話題：
加租，又親切地談及她和志光的關係，拉近兩人距離，
並從志光口中得知他的底線。最後，蘇太和志光在考
慮自己利益和對方情況後各自妥協，具爭議的加租問

題就這樣在和諧的氣氛下解決了。

二、誠信

想一想，誰是你真正相信的人？再數一數，有多少人是你願意與他們打開心扉、暢所欲言的呢？信任由高度信賴與強烈的安全感構成，令我們願意開誠佈公，與他人分享及交換內心感受，展現最真實的自我。建立信任需要很長時間，而當信任遭到破壞，也會對人產生巨大打擊，在激烈的情緒左右下，我們甚至容易與對方爆發肢體衝突。

Candy 在公關公司工作，早前老闆交給她一項任務：為鐘錶客戶即將推出的新系列腕錶製作完整的宣傳計劃。要是做得好，客戶滿意，她還有可能升職。Candy 十分着緊這個項目，請公司內相熟的同事 Queenie 協助，並欣喜地透露自己有可能升職。計劃書主要由 Candy 構思撰寫，Queenie 則幫忙查資料和核對。忙碌

了好幾天，Candy 交上計劃書。忐忑不安幾天後，老闆公佈，計劃書通過了，卻是 Queenie 交上的那一份。隨之而來的還有 Queenie 升職的消息。

Candy 震驚不已，方知原來 Queenie 背着她也交了一份計劃書。由於在幫忙期間 Queenie 已得知新腕錶系列的宣傳方向和活動，她選取了 Candy 計劃中值得保留的地方，又提出有哪些宣傳方式可改善，遠比 Candy 的計劃書全面。Candy 被一向視為好朋友的同事出賣，大受打擊，忍不住在辦公室和她爭吵拉扯起來。

「同行如敵國」，同事間的交往有時比宮鬥劇更暗潮洶湧。誠信建立在相互信任的基礎上，也會遭受每個人的私心破壞。Candy 找 Queenie 幫忙正因為她信任對方，Queenie 卻破壞了這份信任，為了一己私利而背叛 Candy，最終令兩人的友情難以維繫。但這並非惟一的後果。源於誠信的衝突可以產生極大影響，Queenie 通過出賣同事的方式「上位」，其他同事對她也會有所

顧慮，將來她很難繼續在公司與眾人和諧相處；至於
Candy 經歷此次事件後，很難再對同事或不相熟的人
傾付信任，無法與人建立互信。一次誠信問題，可能
引發無數因誠信不足而產生的衝突，最終令我們活在
逃不掉的爭議中。

三、性格

情侶分手、夫妻離婚、朋友家人爭吵時，總有一個理
由叫「性格不合」。不要以為這是他人懶得多解釋的藉
口，性格不合的確是引發衝突最常見的成因之一。

研究基因的科學家告訴我們，這個世界上沒有完全相
同的人，我們每個人從出生時帶有的習氣，到家庭成
長背景、學習工作經歷，將我們塑造成獨一無二的個
體，擁有獨特的性格、自我與價值觀。哪怕是雙胞胎，
性格也不盡相同，不同的性格特質驅使我們在面對同
樣的事物時作出不同反應，出現不同的思想和溝通方

式。性格也會與我們的自我特質和價值觀互相影響，令我們遇事時出現不同的行為偏向。

明哥和嬌妹決定離婚了。當他們跟各自的親友公佈消息時，沒有人感到驚訝，因為他們兩個人的性格實在太不同。明哥是「無腳的雀仔」，愛自由，喜歡玩，每逢週末便跟一群男性好友上山下海，暢玩各種極限運動，名曰「挑戰自我」。嬌妹為人內向害羞，喜歡安靜，最愛下班後馬上回家窩在舒適的沙發上，最愛的人陪伴在側。兩人婚後屢屢因為出去玩還是留在家爭吵，嬌妹曾陪明哥行山，誰知走到一半便累得放棄；明哥也試過連續數週留在家中，最後直呼透不過氣來。兩人的感情在 次次爭吵中流逝，最終無法挽回。

明哥和嬌妹明顯在性格上出現了衝突：一個好動，一個喜靜，使他們在日常生活中特別容易產生分歧。不少婚姻走向破裂，就是由於性格衝突導致。男性往往注重邏輯思維，傾向隱藏內心的情感需要；女性則偏

好展露情感，也容易受外在環境影響出現情緒波動。
迥異的性格特質，令兩性在相處時磨擦不斷。

性格衝突在職場上也很常見，例如公司部門主管是急
性子，但凡交代的任務都希望下屬盡快完成；部門裏
的員工卻喜歡「慢工出細貨」，面對任何工作都要精雕
細琢，無視時間要求。在與人相處時，這些性格上的
差異也很容易引發爭議，處理不當便會傷害與他人的
關係。

四、自我

自我代表的是一個人本身的價值取向和重視的事物，
由自我引發的衝突便是指外在因素與我們的自我特質
不一致。像在搭地鐵時，有些人特別喜歡搶先進入車
廂搶佔座位，他們覺得有位置坐就是一種勝利，反映
了他們的個人能力；但在其他人的角度，則認為這些
人不懂禮讓，沒有公德心，自私自利。一件小事，從

中反映的便是兩種自我觀念衍生的衝突。

源於自我的衝突最難解決，因自我駕馭了人一切的所
思所想，主導所有行為或決定，我們很容易認為爭議
危及了自我價值或形象，從而不分是非黑白，堅決維
護本身的立場，甚至導致一系列不理智的行為。

食得營食品公司的熱賣產品「挪威三文魚」最近減價
促銷，吸引大批消費者爭相購買。公司總裁賈老闆看
着每天上漲的營業額，笑得合不攏嘴。這時產品部總
監振邦敲門進來，慌張地報告：供應商供應的根本不
是挪威三文魚，而是產自內地的虹鱒，恐怕帶有寄生
蟲。賈老闆面色一變，供應商是他最近要求換的，對
方價格便宜，大大增加了公司的利潤空間，對他來說
賺錢最重要，貿然更換供應商，增加成本不說，也反
映身為總裁的他做了錯誤決策，對他來說很沒面子。
於是賈老闆幾經思索，換了一副面孔，笑嘻嘻地寬慰
振邦沒甚麼大不了，「挪威三文魚」只是產品名字，消

費者願意購買便沒問題，要求他繼續推廣產品。

振邦擔心供應商魚目混珠，產品品質難以保證，售賣假三文魚也是欺騙消費者的行為，違反了現行《商品說明條例》及他心中的道德標準。他終日惶惶不安，然而為了保住高薪厚職，在下屬面前，他只能無視問題，堅持為賈老闆護航，繼續推展促銷活動。不久後有顧客腸胃炎入院，無意中揭露食得營公司售賣假三文魚。賈老闆為平息公司醜聞，將售賣假貨的責任推卸到振邦身上，指責他管理不善，並將他辭退。

在「假三文魚」事件中，振邦和賈老闆都為了鞏固現有利益而面對自我的衝突，使他們無法做出理性的決定。賈老闆的自我價值來自他的自我催眠，認為商人做生意時賺最多的錢是天經地義，而他本身是公司負責人，所以擁有絕對權威，他覺得自己對公司的規劃都是對的。振邦提出的問題正正令賈老闆感到自我形象受威脅，於是他無視後果，堅持本身的錯誤決定，

事發後讓振邦成為代罪羔羊，為的只是維護他的自我價值和形象。至於振邦，明知產品有問題，仍違背良心推行賈老闆的錯誤決策，是由於他好不容易當上總監，職位和所帶來的名譽、收入最重要，他不願意失去這一切，只能對賈老闆言聽計從。

在工作時，遇上和自我有關的衝突會給人帶來極大壓力。有些人就像振邦一樣，礙於不想失去工作，儘管心底不太認同，仍會執行上司的指令。長此以往，當面對工作與自我的衝突時，便會不期然地進行自我催眠，將事情變得「平常化」及「合理化」。

心理學家認為衝突是動機得不到滿足而產生的防禦機制，源於自我的衝突很難解決，就是衝突引發了自我防備的心理。賈老闆認為自己最厲害，又怎會接受下屬恍如指責般的建議？在面對這類衝突時，我們不妨換個方式，在不危及他人自我的情況下表達訴求。譬如振邦無需直接指出產品出了問題，而是給賈老闆發

送各種以虹鱒代替三文魚售賣、出售三文魚寄生蟲含量超標的新聞，引導賈老闆思考新供應商價格偏低的原因，再暗示新供應商的產品好像跟之前不同，這時候，不用振邦多言，賈老闆也會主動要求振邦檢驗產品質量和更換供應商。如此一來，振邦的訴求得到解決，不用遭受良心指責，保住了工作；賈老闆還會以為是自己發現並解決問題，滿足了他的虛榮心，兩人的自我價值都得到維護。在合適的時間、通過合適的方式表達訴求，降低他人的自我防範心理，就能大大避免因自我而產生的衝突。

五、價值觀

這是每個人的核心觀念。價值觀在我們出生時已經成形，我們的基因本身便帶有父母的思維特質，形成自己先天的氣質，成為與生俱來的基本價值觀。隨着時間、學習、社會環境、政策、種族、宗教、道德標準、朋輩的影響下，價值觀也會進化，變得多元化。各種

各樣的價值觀匯聚，自然容易衍生衝突。

外傭姐姐 Sally 來陳家三年了，看着小寶從剛滿月的嬰兒長成現在的小男孩。陳先生和陳太對來自菲律賓的 Sally 十分尊重關心，Sally 也用心照顧小寶，希望把他教育得善良有禮。看到小寶每頓飯吃得慢吞吞，又任性偏食，Sally 便跟陳氏夫婦建議，希望教導小寶在吃飯前像她一樣祈禱，感恩上帝賜食，培養他珍惜食物的心態。陳先生陳太沒有宗教信仰，也不願兒子在還未有獨立思考能力時便被灌輸宗教思想，這時，他們和 Sally 便出現了價值觀的衝突。

陳氏夫婦雖然明白 Sally 的初衷是為了教育小寶，但祈禱的行為與他們的價值觀相違背。他們可以指責 Sally 教導不當，直接制止她；但也可以跟她商量，將帶有宗教意味的祈禱變成讓小寶在吃飯前對食物說謝謝，在尊重 Sally 的宗教信仰和良好意願的同時，也能教導小寶學習感恩。

除了宗教，另一個影響價值觀的因素還包括民族特質。中國人和外國人的民族特質便有明顯分別。中國人重視人情和關係，愛面子，跟人相處得來，感覺對方信得過，就可以只講「信」字，許下口頭承諾，就算沒有正式合約也無所謂，也不太在意條約細節。外國人多以目標為本，結果導向，尊重合約精神及白紙黑字的條文規定，對他們來說，經過協商，在公平公正的情況下達成協議最為重要。當出現商業糾紛，中國人好面子的心態，促使他們不願意打官司，反而將重點放在如何協調雙方關係上，如果關係處理得好，他們的態度也會軟化，事件最後如何處理，要付出或得到甚麼，都變得容易商量。外國人在意的卻是事情的結果，出現衝突後，如何根據合約條文，理據分明地爭取對自己有利的解決方案，其後也會考慮制定更清晰的條例，防範同類事件再發生。相比之下，他們對雙方長遠關係的關注相對較少。

民族特質使我們為人處事時出現不同的取態，若沒有

意識到這些價值觀的差異，簡單粗暴地將中國人定性為「不守規矩」、外國人「冷漠無情」，便很容易因誤解而加劇爭議。

香港是一個東西薈萃的大都會，不同文化在此融合，我們更加要以包容的心和開放的態度面對各種價值觀的分歧，就算不認同他人的言論或行事作風，卻仍可以予以尊重。

價值觀、自我和性格往往會互相影響。有怎樣的價值觀，便會產生怎樣的性格，形成怎樣的自我，反之亦然。價值觀讓我們在遇上爭議時懂得分辨是非黑白，自我驅使我們維護自己的立場和需要，並因應性格衍生不同的維護行為，或平和理性，或強烈偏激。不過，正如社會包容各種各樣的價值觀一樣，是非黑白中間也有很多灰色地帶，辨別對錯固然重要，但最重要的是怎樣解決爭議。過於追究對錯，只會令人走進死胡同，惟有將目光集中於解決問題上，爭議各方才有坐

下來共同商議的空間。

六、角色

人生就像一場戲，每個人都是最佳主角，飾演無數角色。在不同時間、不同場景下，我們的角色也隨之改變：在父母面前我們的角色是「子女」，在另一半面前是「伴侶」，在子女面前我們又反過來成為了「父母」，其他角色還包括朋友、員工、上司、下屬、居民、遊客等。受文化、宗教、道德和價值觀影響，我們對不同角色早有預設，像是期望父母一定會對子女呵護備至，好員工一定會辛勤工作等。如果我們在那一刻所扮演的角色做了和預期不一樣的事，就會引發角色衝突。為甚麼看到子女拋棄父母、夫妻因公司財務問題而離婚的消息令人難以接受，就是由於當中的角色做了超出我們預期的事，令我們不問緣由地反感抗拒。

雖說在不同場景下才需要轉換成不同身份，但其實我

們在一個空間的角色，往往會影響另一個空間的角
色，這時也很容易出現角色衝突。

謙叔在網絡教育公司負責管理 IT 部門，公司的網上
教育平台明早將推出新活動，他要求同事今晚加班測
試，確保活動不會出現問題。這時謙叔接到妻子致電，
詢問今晚回不回家吃飯，說做了他最愛的沙嗲牛腩；
年幼的兒子也在電話旁吵着很久沒見到爸爸，想讓爸
爸陪他玩，令謙叔陷入兩難。

謙叔身為部門負責人，既然要求員工加班，自己作為
上司也不應提早下班，而要監查測試進度，解決有可
能出現的問題，才符合「負責任的部門主管」這個角
色設定。不過他同時兼顧「丈夫」和「父親」的角色，
對這兩個角色來說，花時間照顧家庭、陪伴家人更重
要。當不同角色的需要出現衝突，謙叔便要作出取捨，
是專注工作，還是陪伴家人。我們身兼眾多角色，角
色衝突其實經常出現。要釐清各種角色孰輕孰重，就

需要依靠自我、性格和價值觀來作出判斷。

七、溝通

溝通為我們與他人建立起一道橋，讓雙方得以交流。我們透過各種方式（言語、文字、表情、肢體動作等），藉由不同的媒介（電郵、錄音、影像等），在不同情境下（開着燈的室內、炎熱的室外、隔着網絡視像等），將固有訊息或想法傳達給他人。如果溝通過程出現了阻礙，就很容易引發誤解，從而有機會衍生不必要的衝突。

麥太終於有一天可趕及在晚飯前回家陪丈夫和四歲的兒子吃飯了，代價是帶了一堆工作回家，待飯後完成。飯後兒子纏着她要她陪伴，麥太急着完成工作，便叫丈夫照顧兒子，麥先生不情願地答應了。麥太回房間忙了一會，出來卻看到丈夫在看電視，兒子自己捧着手機玩遊戲。麥太十分惱怒，責備麥先生沒有好好照

顧孩子。麥先生卻一臉驚訝，表示兒子乖巧地坐着玩遊戲，沒有給麥太添麻煩，不是照顧得很好嗎？

麥太和麥先生為甚麼會產生衝突？那是由於兩夫妻對「照顧兒子」的理解不一樣。麥太覺得，照顧兒子便是親身陪伴，通過各種遊戲或童書讓他學習知識；麥先生對「照顧」的定義則是滿足兒子的需求，讓他不吵不鬧，令太太可以專心工作。雙方在溝通時，並沒有具體討論要怎樣照顧兒子，於是出現誤解。而麥先生一開始不情願的反應，也會進一步加深麥太的誤會，以為他敷衍了事，使得一時溝通不當演變成夫妻衝突。

為避免因溝通不當衍生的衝突，在溝通時便需要做到以下兩點：順暢的訊息傳遞過程和及時收集回應。確保訊息順暢傳遞很重要，若溝通過程中任何一個環節出現問題，例如表達不清、環境嘈雜令人無法專注，都會影響訊息傳遞的效果。同時溝通並不是單方面知

會對方便了事，我們還要了解接收訊息一方的回應和
反饋，才知道傳遞的訊息是否正確，避免對方錯誤理
解自己表達的訊息，從而激發矛盾。就像麥太以為已
經傳達了正確的訊息，卻不知道麥先生所理解的根本
不是同一回事。要有效傳遞訊息，就要掌握溝通技巧。
本書最後一章便會對有效溝通的元素作詳盡介紹。

八、權力

一個人擁有權力，指的是其有權制定規則並可監察他
人是否依循。在社會上，權力代表制定、執行法律或
社會準則的機構和團體；在職場上，指的便是可以在
公司或所屬部門做決定的人。如果這些團體或個人不
當地行使權力，例如背棄或偏離有關職權範圍及專業
道德操守，尤其是公權力，權力出現不平衡，就會引
致衝突。

在學校，老師偏愛某位學生，所以推薦成績並不出色

的他領取獎學金，讓考取第一的學生很失望；在公司，上司偏幫下屬，使下屬在其他同事面前作威作福，使其他同事不滿；在社會，商舖因壟斷市場，產品不斷加價，令消費者蒙受損失。這些都是不恰當地運用甚至濫用權力，以滿足自己的利益所造成的不公平現象，從而引發權力衝突。

儷人化妝品公司因市道低迷，業績大幅下滑，周老闆要求公司內兩組市場團隊各自準備新的營銷方案，以吸引顧客購買儷人的化妝品。心姐和團隊精心打造了完美的促銷策略，爭取幫公司提升銷售額。另一組在周小姐帶領下也拿出了一份方案，卻是東拼西湊，毫不用心。

員工都屬意心姐的方案，周老闆卻考慮到周小姐是自己侄女，不能不支持，便選擇了周小姐的方案，命令員工跟從，還對她大力稱讚。心姐和同事不滿自己提出更好的方案被拒，也看不慣老闆偏幫周小姐，於是

陽奉陰違，暗地裏消極怠工，結果促銷活動推出後一片混亂，儡人的業績不升反跌，周老闆後悔不已。

水能載舟，亦能覆舟，手握權力固然可要求他人為自己做事，但濫用權力也會帶來惡果。中國歷朝歷代均設置「言官」一職，便是為了規諫皇帝、監查百官，以免當權者因施政錯誤引發爭議。一個人或一個職位的權力建構在大眾認同的基礎上，若得不到認同，一味利用權力脅迫他人依循，就會像儡人的周老闆一樣招致反效果。周老闆下達了命令，同事迫於生計無奈聽從，卻不會用心把事情做好，最後影響公司發展，承受損失的還是周老闆。因此我們要適當執行權力，作出影響他人的決策前也要先聆聽各方意見，防止因權力運用不當而引發衝突。

初學烘焙的人經常失敗，因為成功做好一個蛋糕，當中牽涉眾多步驟，環環相扣，忌廉沒有打發好，蛋糕便可能無法成形，焗出來如同月球表面一樣滿是坑洞，而原因可能只是一開始裝忌廉的碗沒有清洗乾淨。上述八個主流的衝突源頭，其實也會互相影響，令最深層的原因埋藏在各種問題下。我們在面對衝突時，可先解決最容易解決的表層問題，在各持份者初步建立互信後，再逐步拆解更深層的源頭。

別忘了，這些源頭往往難以改變或在短時間內扭轉。處理爭議時，我們不必執着於其他人和自己的不同之處，將着眼點放在如何解決問題上，也許會看到另一條出路，令我們與他人在源頭觀念不同的情況下，也能互相包容，和衷共濟。

CHAPTER

06

建立解決爭議的平台

隨着科技發展，很多新興行業誕生，其中之一便是電子競技。不要以為電競只是幾個人在玩遊戲，事實上，電競選手站在賽場的背後，還要經過艱苦訓練，以及教練、團隊經理、數據分析師、心理治療師等眾多成員從旁協助，提供戰況分析和各種輔導。電競選手有可能只看到眼前比賽的個人輸贏，但一個成功的團隊卻能在各方共同努力下調整選手心態，將焦點放於比賽策略上，創造不可能的神話，令戰隊得以長遠發展下去。

解決爭議也很相似，爭議無關一時輸贏，而是各方能否通過解決的過程滿足各自需要，謀求長遠的利益和發展。在與爭議各方商討解決方案時，我們並非單打獨鬥，也不用爭個你死我活，調整心態、調動適合的人手和資源、建立溝通的平台，就能與各方互相交換資訊，全面理解問題所在，從而一同商討最佳的解決方案。

當了解爭議各方的真正需要和行為特質、爭議的模式和源頭，下一步便可以嘗試解決爭議了。建立解決爭議的平台必須具備天時地利人和。天時是適當的時間，地利是適合的場地和設施，人和則是熟悉爭議事件、有權力也有意願作出建設性討論的人。要建構具備天時地利人和的平台，並讓這樣的平台發揮效用，我們可以從以下的步驟着手。

心態——正向思維

與人產生爭議時，我們很容易被負面情緒佔據大腦，認為根本沒可能解決爭議，從而做出種種不理智的行為：對人惡言相向、拒絕溝通或合作，甚至故意搗亂，製造更多問題，令衝突惡化。

當我們決定解決爭議，即表示願意處理當下出現的問題。這時候，就要提醒自己保持正向思維。正向思維指的是，我們相信爭議可通過商討的過程得到解決，

同時信任對方和自己有同樣意願。這份正面期盼，既可平復激動的情緒，亦令我們願意嘗試尊重對方，踏出相互理解的第一步。

解決爭議的過程也許充滿波折，正向思維卻有助營造和諧的討論空間。保持情緒平穩、充滿信心，才能作出理性分析，避免橫生不必要的糾紛或衝突。

準備工作——有策略的計劃

做任何事情前都要做好準備。在爭議各方坐下來商討前，若事先準備妥當，也可以令會議過程更順暢。準備工作包括環境、與會人士、會議流程和預演四方面，以下將一一介紹。

· 選擇合適的場地：

環境對情緒的影響不容忽視，舒適且令人安心的環境能讓人放下防備，以平靜的心態與人溝通。一個合適

的場地和佈置必須令與會各方感到同等的重要和尊
重，善用家具有時也可以拉近彼此距離，增加親和力。

理想的協商場地可以像圖中這樣：一個約能容納十個
人的房間裏，放了兩張長桌子或一張寬闊的大桌子，
以及足夠的椅子，供爭議雙方就座。如果會議包括負

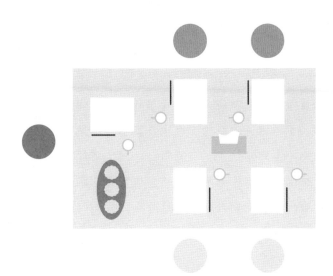

責協調的第三方，如調解員，則可坐在兩方中間。桌
子上放着為雙方準備的白紙和筆，以便他們在有需要
時用，同時準備盒裝紙巾、茶杯、水和糖果、餅乾等
小吃，放在桌上靠近調解人員的位置。

不要以為這些只是隨意佈置，當中每一個環節都有講
究。理想的情況是，爭議雙方使用的桌子和椅子應完
全相同，就算找不到一模一樣的，也要用大小、配件
及材質類似的家具代替，避免因家具差異，令其中一
方感到不公。各方坐下來時，要確保相互之間保持一
定距離，讓他們意識到就算站起來也無法攻擊對方，
令人無形中增加安全感。

至於負責協調的調解人員坐在爭議雙方中間，暗示其
客觀公平的第三者身份。這也為調解員帶來靈活移動
的空間，當會議途中，一方暫時離開，調解人員便可
稍微移向留在場中的一方，縮短與對方的距離，增加
親切感，以便向對方了解會議時不方便詢問而敏感或

重要的問題，或安撫對方情緒，但謹記在另一方回來
前須移回正中。

桌上準備水、小吃和紙巾，以備與會者不時之需，同
時可在其中一方情緒激動時製造緩衝的空間，例如請
他們吃點東西，或用紙巾擦汗、擦眼淚，讓他們平復
心情。會議期間爭議雙方難免情緒激動，因此準備水
杯、餐碟時，需要避免使用玻璃器皿；水樽或水壺則
可由調解人員收起，在需要的時候才拿出來，以避免
成為宣洩情緒的攻擊工具。

這些看似平常的佈置，暗藏許多可以影響情緒的小細
節，若準備得當，就可以舒緩緊張氣氛，增加親和力，
令談判更順暢地進行。

· 揀選合適的人：
解決爭議最重要的當然是人，因此我們在會議前，需
要了解有甚麼人參與、他們的身份、關係，以及爭議

各方將派多少人出席會議。一來確保已安排足夠的座位，二來可提前知會各方，增加談判的透明度，讓他們在出席會議前做好準備。

談判時，爭議雙方的參與人數比例、與會者的身份和權限，都影響會議能否順利進行。人數不均或權力不對等，皆可導致溝通上的不平等現象，為談判帶來阻礙。如一方人數太少，看起來就像勢孤力弱，影響其談判心理。但雙方派出過多人參與會議也有壞處，人數多，自然提出的意見也多，雙方或要花更多時間及精力整理協調各人意見，以便達成共識。要是期間任何一個人的情緒爆發，都有可能令會議出現波折，甚至推翻整個談判結果或導致會議中斷。如果爭議雙方處於不平等的權力或地位，像是上司與下屬、專業人士與非專業人士，也可能因權力壓制或資訊不對等，令討論難以進行下去。因此，準備會議時最好控制與會人數，了解是否需要邀請相關代表參與，譬如其中一方將派出律師等專業人士出席會議，我們必須知會

另一方，讓他們有心理預期，並考慮是否作出同樣安排；如果其中一方感到無法單靠自己解決問題時，也要積極尋求第三方協助。

另外，開會前可先讓弱勢一方入場，以便他們提前熟悉會議環境，有足夠時間產生安全感，舒緩緊張心情。這些前期準備若是做得妥當，可以令與會各方大為安心，在會議前便營造良好的談判氣氛。

· 準備議程：
雖說各方都清楚會議目的是為了解決爭議，但在開會前仍需要準備好清晰具體的議程，以確保談判方向不會偏離原定目標。一份完善的議程包括列明會議預計時間、每項議題的時間分配、討論步驟、會議守則，以至該次會議期望達成的目標。議程需在會議前交到與會者手上，讓他們對會議有所準備，同時了解有哪些規則需要遵守。

設計議程時，一開始可安排爭議雙方自我介紹，使他
們對彼此的身份和立場有基本了解。其後雙方可就爭
議議題各自表述，期間除了申述立場及期望，也可提
供實際具體的資訊，告訴另一方為甚麼需要爭取某項
權益，或無法做到某項要求，以獲得對方的理解和體
諒。在商討解決方案時，先問對方有甚麼建議，了解
更多資訊和現實限制後，再提出自己的想法，尋找彼
此滿意的解決方案。

· 事先預演：

我們無法估計與會各方的現場反應，但還是可以在開
會前事先預演，考慮清楚希望表達的內容、表述方式，
可能遇到的問題及應對技巧。不過在開會的時候，千
萬不要跟着講稿照本宣科，解決爭議是促進溝通了解
的過程，只有發自內心表達真實感受，才能打動對方，
建立互信。

雙方關係——彼此尊重，共同理解

爭議雙方在同一個平台上商議解決方案，過程中地位對等，因此我們每傳遞一個訊息時都要尊重對方的感受。尊重並非勉強忍耐、包容彼此的差異，而是更高一個層次，在真正理解對方的想法和需要後，體會其立場和感受，找到新的相處方式。尊重是緩和僵局、建立信任的關鍵。在彼此尊重的基礎上，爭議雙方才能放下情緒，坦誠溝通，澄清矛盾，達致相互理解。

解決問題時最大的障礙便是爭議各方執着於對錯之爭，其實在不同的角度，誰都可以是對或錯的。要真正理解對方，我們得放下自身的立場和情緒。或者有些人會覺得一步都不能讓，難以接受對方的表達方式或立場，但堅持己見往往會固步自封，令談判難以有所進展。爭議源於雙方在某個議題上出現了差異，解決爭議正是消除差異的過程。將目光放在長遠的雙贏方案上，再回看現在的爭議，也許就能找到更多協商空間。

溝通──以同理心細心聆聽

在商討解決方案時，我們要給予爭議各方適當的時間
抒發情緒，表達立場和需要。而我們要做的，便是以
同理心細心聆聽對方的意見，了解他真正想說的話。

細心聆聽指的是接收、理解、重組及詮釋訊息，過程
包括以下四個程序：接收全部訊息，包括情緒及肢體
語言；理解訊息；重組訊息；以自己的語言重新表述
訊息。不要以為聆聽別人說話並覆述出來很簡單，以
同理心聆聽正是解決爭議時最難做到的一點。人們在
表達意見時容易情緒激動，負面言論或行為會牽動其
他人的情緒，令人忽略了對方真正想表達的訊息。因
此，就算他人情緒激動，我們也要保持冷靜，細心理
解說話背後的意思，才能有效促進雙方交流。

聆聽時要抱有同理心，指的並非同情對方的處境，而
是設身處地代入對方的角色，感受並理解其經歷的一

切，從而體會他的感受和想法。在提出解決方案前，要先易地而處，理解爭議各方為何有這樣的立場、背後的原因和他們的思想行為特質。惟有換位思考，我們才會明白對方的感受，也更願意主動坦誠交代自己的難處，指出為何達不到對方的要求。當對方感受到理解與尊重，無形中亦會放下對我們的偏見，彼此的距離得以拉近，從而締造談判溝通的空間。

聆聽過程中，除了語言，我們也要結合對方的肢體動作和語調，一同理解並分析其真正意思。有時一個人嘴上說着積極正面的說話，但肢體僵硬、神情抗拒、語氣低沉，則都暗示他言不由衷，說話背後還有隱情。我們可透過觀察他人的肢體動作、面部表情，了解其思維模式，探究他的真正意圖。善用非語言的溝通方式，比如拍拍肩膀、點頭微笑，也能讓對方明白自己重視他的意見，鼓勵對方更坦誠地交流。

目標——雙贏的解決方案

爭議各方之所以要建立解決平台，為的就是修補各方
關係，尋找雙贏方案。談判背後是為了獲得長遠利益，
而非一時對錯之爭，因此，將着眼點放在爭議背後的
共同利益上，才是解決爭議的不二法門。

探討解決方案時，爭議雙方共同參與並提出意見是成
功關鍵。過程中要秉持客觀理性的原則，摒棄「我覺
得」、「我認為」等帶有主觀意願的表達方式，運用具
體資料佐證自己的建議，以客觀標準及理性分析，證
明方案基於公平合理等基礎，並已考慮現實狀況。討
論遇到阻滯時，爭議雙方也無需互相指責。情緒化的
指責無助於解決問題，盲目堅持己見也難以得到他人
認同，要成功解決爭議，我們需學習適當地讓步。如
果解決方案滿足部份需要，是否能接受？如果對方提
出另類補償，會不會也可行？不要囿於成見，嘗試跳
出框框，以別具創意的方式解決眼前的問題。

雙贏的方案需要爭議雙方參與，營造互信的溝通平台便很重要。尤其在爭議雙方權力地位不均等的時候，擁有主導權的一方應該主動打破僵局，積極收集各方意見，尊重不同持份者的看法。切勿以引導方式強迫他人接受自己的方案，這樣哪怕暫時解決爭議，也會破壞彼此關係，長遠引發更多衝突。

除了尊重和聆聽，我們的回應也要迅速及時。在對方提出具建設性的意見時表示認同和讚許；如果對方提供客觀證據證明我們出錯，也要馬上坦誠地認錯，將對抗情緒減到最低。千萬不要等到不適當的時候才作出回應，以免白白錯失修補關係的黃金機會。解決爭議的重點正在於維繫雙方關係，令對方明白我們的誠意和對彼此關係的關注，就能緩和衝突，創造更多討論空間。

最後檢視——現實測試

經過上面的步驟，我們找到了雙贏方案，但這就等於
問題得到解決嗎？我們以為可行的方案不一定真的能
解決爭議，必須完成現實測試，確保方案可行，否則
衝突很可能捲土重來。

現實測試是解決爭議時最重要的步驟，表示爭議雙方
都有誠意徹底解決問題，願意通過反覆驗證，以確保
解決方案萬無一失。進行現實測試時，首先要檢查解
決方案是否可行，例如是否全部問題及需要都得到全
面討論，取得初步可行的方案，再通過提問，讓爭議
雙方再次確認解決方案能滿足其需要和利益，以及解
決爭議過程涉及的全部問題。這是一次重新思考的機
會，爭議各方得以認真考慮實行方案後可能帶來的後
果，以便重新評估能否接受方案，或具體實行時涉及
的時間、資源等細節，看是否需要重新商討更實際的
解決辦法。

確定解決方案後，我們也要視乎有關爭議或解決方案定下適合的核查時間，例如在三個月或半年後，回顧方案進度，了解方案的執行力度，中間是否出現困難，或方案可否持續推行下去。如果這時出現了新的問題，爭議雙方也能再次討論新的解決辦法，以長遠解決爭議。

有時候，一次會議未必能馬上調和矛盾，一個方案也不一定能完全消除問題，但透過建立解決爭議的平台，爭議雙方可以聆聽對方的需要，加深理解，收窄分歧，這本身就達成了一部份的目標，為解決爭議跨出巨大的一步。

想要圓滿解決爭議，我們需完成上述六個步驟。以下的例子便為我們展示如何應用以上的步驟，建立有效解決爭議的平台，並通過談判修補決裂的關係，創造雙贏局面。

建立溝通平台：學生要求校方更換飯堂承辦商

致知大學位於城中環境最好的西郊，坐擁青山綠水，校園環境優美，最適合莘莘學子在此專心研習知識。不過，最近校園可不平靜，不少學生都在校內靜坐抗議，民主牆上貼滿了大字報，校內空地也拉起橫額和告示板，學生以各種行動表達他們的訴求。「劣食害人」、「午餐日日加價，學生搵食艱難」，仔細看看，原來學生要求的是更換校內飯堂承辦商。

致知大學飯堂承辦商有得食早前加價，引發學生強烈不滿。致知位於偏遠的郊區，雖然環境清幽，卻為學生在生活上帶來不便。他們要花接近半小時車程才能前往佈滿食肆的住宅區，一來一回便是一小時。因此，校方在建校之初便於校內開設飯堂，為學生提供方便且價格便宜的飲食選擇，讓他們不必為了趕着上課而餓肚子。然而多年來學生一直不滿意飯堂的食物質素，校方於是在去年重新招標，更換承辦商，以提

升飯堂膳食水準。經營大學飯堂多年的有得食成功投標，成為致知大學飯堂的新承辦商。

有得食與致知的合約為期三年，其後可視乎情況續約。致知規定飯堂的食物售價上限，但在合約期內，有得食可根據物價及通脹情況申請微調售價。有得食在承辦飯堂之初，已經以提升食物質素為由調整了膳食價格，這次根據通脹再度加價，終令學生的不滿情緒爆發。

站在學生的角度，大學飯堂應以合理價格提供多元化並具一定質素的膳食。可是有得食提供的食物選擇和質素與以往的承辦商差別不太，餸菜選擇也不多，價格卻一直攀升。對大部份學生來說，他們全天都要上課，時間緊迫，中午時段除了大學飯堂根本別無選擇。他們被迫承受不理想的食物質素，令他們十分不滿，也質疑校方包庇承辦商，雙方勾結，藉加價牟利，無視學生的膳食需要。

有得食宣佈加價後，學生會的幾位幹事已跟大學管理層反映他們的不滿，雙方進行了數次會議，學生會提出收回加價決定、更換承辦商的建議，但校方都以合約規定為由拒絕。學生眼見會議無法解決衝突，情緒變得激動，改以罷食、靜坐、示威橫額等方式表達訴求，要求校方以實際行動回應。學校管理層見狀，為免學生行為越趨不理性，影響正常課業，對學校聲譽帶來負面衝擊，決定重新邀請學生會選出學生代表，以及有得食一方派出代表，三方一同開會，商討如何解決是次爭議。

真正有效的解決平台

冰凍三尺，非一日之寒，致知大學的飯堂爭議由長期得不到解決的衝突累積而成，故難以通過簡單的意見反映或一兩次會議圓滿解決。在現實生活裏，這也是談判時常見的情況。沒有問題能在第一時間迅速解決，當爭議各方經過多番衝突和商討後仍無法達成共

議，便需要好好規劃，看是目標設定出錯，還是協商
人選代表性不足，再重新建立真正有效的溝通平台。

在會議開始前，學生會於校內徵求與會學生代表，擴
大代表性，又事先預演會議流程。校方則推出網上問
卷，全面了解學生對飯堂的意見，並發現學生最大的
訴求是增加食品種類，其次是改善食物質素，最後才
是價格調整。雙方在正式商討前做好充分準備，期望
於會議上順利解決爭議。

心態──正向思維，主動釋出善意

是次會議由致知大學學校管理層主動提出。校方關注
學生靜坐、罷食等行動，對雙方關係帶來的負面影響，
也擔心學生需要頻繁外出吃飯，嚴重影響上課出席率
及學習效率，因此決定邀請各方召開會議，集思廣益，
謀求解決問題的方法。

校方可主動表示對爭議的關注，指出他們了解學生對校方和飯堂的不滿，也覺得飯堂食物質素有改善空間，但學校已和承辦商簽訂合約，受合約條款所限，他們沒辦法在短時間內通過更換承辦商的方式解決目前情況，不過他們絕對願意聆聽學生意見，看看可否通過其他方式處理這個問題。校方通過主動搭建溝通平台，釋出善意，顯示了他們積極解決問題的決心，反映其面對爭議時抱有正面思維。

至於學生代表也能向校方表達他們的感受，表示明白學校花了很多時間和精力設立飯堂，並通過外判合約形式監管承辦商質素，他們也理解學校基於合約原因很難即時扭轉目前的狀況，但仍希望將廣大學生的意見轉告學校，表達他們對食物質素、種類和價格的要求和意見，以便大家在現行框架下尋求改善辦法。

在會議上，其中一方可主動表明立場和感受，同時向對方釋出善意，為會議營造良好的氣氛，踏出有效溝

通的第一步。當然,更理想的情況是學校和學生均正
面看待爭議,主動與對方對話。若雙方同樣抱着解決
飯堂問題的意願,願意通過會議找到在校方看來可
行,而學生又能接受的方案,並在會議上放下本身的
負面情緒,各自理性地表達立場和建議,就能藉由溝
通平台緩和緊張的關係,找到雙贏的解決方案。

溝通——以同理心聆聽各方難處

在表明立場後,學校、學生、供應商三方可各自表述
他們的難處,進一步尋求理解。

在解決爭議的過程,多數情況下由當權者先釋出善
意。而在這次事件,校方掌握管理學生和更換承辦商
的權力,處於主導地位,因此也可以多走一步,主動
交代難以滿足學生需要的原因,以獲得他們理解。

經校方表述,學生方明白現時大學飯堂承辦商數量有

限。校方公開一年前招標的情況，指當時只有有得食與另一間承辦商競投，校方已根據服務質素和價格選擇了最合適的一間，在制定合約時也作出價格限制，控制食物售價，以免學生難以負擔。但校方經過此次事件，更明白學生的訴求，故期望透過會議商討解決方案。

有時候當權者未必願意主動表達立場，弱勢一方也可爭取溝通機會。若在學生主動溝通的情況下，他們可向校方表達，明白學校設立飯堂，安排承辦商所作出的努力，但現在承辦商提供的食物質素和價格，與市面上其他食肆有偏差，學生卻受地域限制，難以在用餐時間外出前往其他食肆，變相沒有別的選擇。學生就讀大學的時間長達四年，甚至更多，每天吃同樣的餸菜，長遠也不利於他們的身體和精神健康，所以希望藉由三方會議，共同尋求辦法，滿足他們對膳食服務的需要。

除了校方和學生各自表述，作為爭議關鍵的承辦商有
得食，也可以通過這個機會向各方解釋他們的難處。
學校位置偏遠，食物運送不便，令運輸成本上升，以
致可選擇的食材也有限。他們受制於合約，無法通過
加價彌補增加餸菜種類的損失，否則根本無法回本，
生意將難以維持。在會議上，有得食還提出了各方都
忽略的硬件問題：致知建校數十年，校園設施老化，
飯堂爐灶不足，學生往往集中於中午時段湧至飯堂，
他們為趕及在最短時間內滿足學生需要，只能簡化烹
調程序，更遑論增加食物款式了。但他們坦言，現餘
下兩年合約期，若學生不再光顧，對他們來說將招致
更大損失。同時，有得食也希望合約期後繼續為學校
提供膳食服務，因此非常願意和校方與學生商談改善
方法，在合理價格內提供可滿足學生需要的午餐，以
平衡收益及各方要求。

在三方各自表達難處後，他們意識到現實環境的限
制，理解彼此的想法，由此也能建立互信，進入下一

個溝通階段。

雙方關係──彼此理解，尋找共同基礎

在各方表明立場和感受，並坦誠交代難處後，均對飯堂膳食情況和改善空間有更多了解，這時可以進一步深入探討，尋找共同基礎。對致知大學管理層、學生和有得食來說，儘管他們的處境和需求不同，卻有着共同目標：開設舒適便利的飯堂，為學生提供價格合理、具一定品質的膳食服務。三方對此目標均沒有異議，便可圍繞這個共同基礎，繼續探討解決方案。

準備工作　有策略地進行會議

在很多情況下，爭議各方不一定能如上述一般理性地交代自己的想法。學生為爭取更理想的膳食服務，曾以靜坐、罷食抗議，在進入會議場地前，他們很可能依然帶有強烈不滿的情緒。這時候，就能體現準備工

夫的重要了。

訂立會議規則,於各方情緒激動前便先準備好處理方式,將為會議創造理想有效的討論氣氛。例如提醒與會者在會議期間不要對他人進行言語或人身攻擊;每人都獲安排發言機會;每次只有一個人發言,如果聽到他人言論有不同意見時,可先寫下,待對方發言結束後再舉手示意及提問;將手提電話轉成靜音等等,這些規則皆可規範與會人士的行為。

為使會議有條理地進行,需提前準備會議流程,以免出現混亂。在會議上,學校、學生和承辦商三方可各自選出發言人,由發言人負責闡述己方立場,其他人則在有需要時補充。

這種牽涉不同持份者的會議,也可安排獨立第三方擔任主持人,引導各方根據議程表達觀點,適時安撫各方情緒,或在會議有進展時推動各方繼續討論。譬如

學生一開始表現出強烈的負面情緒，不斷以負面話語和動作指責校方，這時主持人便可介入，作善意提醒：「明白大家因為此次事件有很多感受，也很想表達自己的感受，但今天這個會議的目的就是為了解決問題，並不是情緒宣洩，希望大家遵守會議規則。」在一方發言後，主持人可以向其他人確認，確保各方都接收到訊息：「謝謝學生代表的話，相信校方和供應商都聽到你們的訴求。」在討論出現進展時，也可適當鼓勵：「看到大家積極解決問題和提出意見，這些意見都非常好，相信在大家努力下，我們今天解決問題的可能性非常高。」客觀公平的主持人有助於調節會議氣氛，使討論順利進行。

目標──三贏的解決方案

在會議議程引導、會議守則規範下，三方就着共同基礎積極拋出建議方案。會議前校方通過網上問卷了解到，學生最迫切的需要是增加餸菜選擇，其次才是食

物質素和價格調整。有得食就此表示，他們通過問卷得知學生對食物款式和口味的要求，願意提供更多餸菜選擇，只是價格調整的空間實在不大。校方則表示將在本學年內盡快為飯堂更新及加裝爐灶等設施，以便有得食提升膳食質素。學生代表在短暫離場商議後，決定作出讓步，接受售價調整並增加食物種類的方案。最後三方終於達成三贏的解決方案：致知順利平息與學生的爭議，學生對膳食的要求得到滿足，有得食保住了承辦飯堂的合約，爭議獲得圓滿解決。

最後檢視──透過調查問卷作現實測試

等一等，爭議還沒有真的解決。別忘了處理爭議時最重要，也是最後一步：現實測試。

在會議上，主持人再度跟三方確認解決方案：「現三方同意，由下個月 1 號起，致知學生飯堂將增加食物類型，每個月更新菜單，提供多樣選擇。校方將於本

學年內盡快更新飯堂設施，加裝爐灶，提升硬件設備。學生則接受飯堂早前的價格調整。」確保三方真正了解及接受爭議可經由有得食增加食物款式、校方改善飯堂硬件得到解決。

然後三方可就方案實行後的監察措施進行討論，以訂定具體時間，如以六個月為限，屆時將檢視承辦商和校方是否已履行承諾，並回顧方案是否可真正解決問題。如問題依然得不到解決，便需要重新商討解決方案。而在這期間，校方將定期向全校學生做不記名問卷調查，以了解他們對飯堂膳食的意見、飲食喜好，以便監察有得食的服務質素，以及讓有得食根據學生口味設計新菜單。定期檢視和監察措施可確保方案依照各方商議的方向進行，也可在出現問題時及時作出調整，或在其中一方沒遵守承諾時作出懲罰。

經過是次理性討論，各方除了解決爭議，也為飯堂的長遠發展提供切實可行的建議。譬如飯堂的硬件設施

便通過這次會議得到提升；校方將來與承辦商續約，
或重新招標更換承辦商時，則可於合約內可加上對食
物款式和質素要求的條款，預先解決有可能出現的問
題；學生也在經歷此次爭議後，學習到將來面對同類
衝突時，可通過更理性的方式表達和爭取訴求，與和
自己持不同意見的人理性討論及交流。會議最後不但
在不影響三方關係的情況下達成了三贏方案，也為各
方提供了長遠發展的指引。

要妥善解決爭議，必須建立一個供各方理性溝通的平台，當中基本上包括了以上六個步驟。在談判過程，我們還是要視乎現實情況、爭議內容、爭議各方的態度和時間限制，靈活設計溝通平台和制定解決方案。例如在爭議一方情緒高漲時先處理對方情緒，表現出對對方的尊重和理解，然後再討論具體議題。只要前期準備妥當，便可以通過會議順利商討出解決方案，平息爭議。

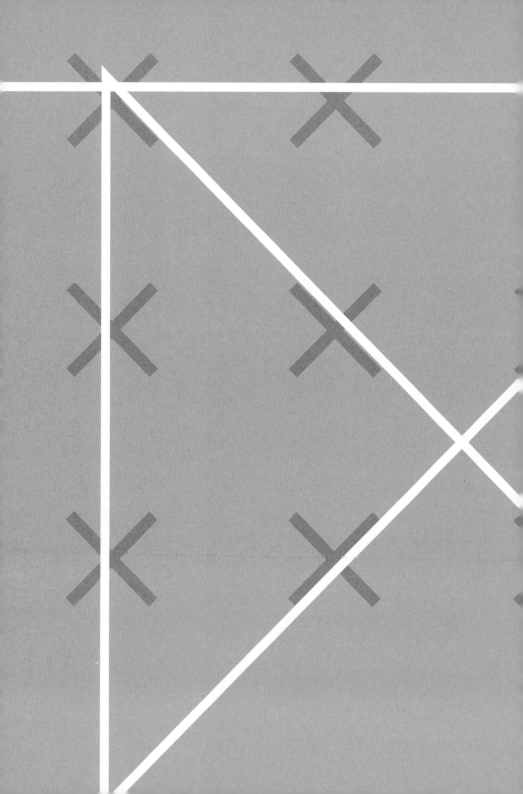

CHAPTER

07

有效解決爭議的技巧

「你做事很有條理，有組長的樣子。」

「你要競選團隊組長？」

「甚麼？你當了組長？」

「組長，你好！」

起初只是公司裏一個同事對另一個同事的稱讚，話傳到最後，卻變成同事已當上團隊組長。這種讓人啼笑皆非的溝通誤會，在日常生活中很常見。

「橫看成嶺側成峰，遠近高低各不同。不識廬山真面目，只緣身在此山中。」蘇軾的《題西林壁》告訴我們，一個人所處的位置局限了他看問題的角度。我們習慣以固有的角度理解和處理事情，容易以偏概全。如果問兩個人廬山是怎樣的一座山，他們可能因為站的位置不同，一個說廬山陡峭，一個說廬山高大，說不定還因此爭吵起來。

爭議往往由於雙方溝通不足引發的誤會而產生，有效

及尊重的溝通不但可以由源頭減少爭議，也能讓我們
對眼前的處境有更全面的了解，是解決問題、令爭議
雙方冰釋前嫌的關鍵。尊重的溝通範式貫穿了整個解
決爭議的過程，我們可通過學習各種溝通技巧，了解
如何以最有效的方式傳遞訊息、獲取更多資訊、與他
人坦誠交流，從而順利解決爭議。

在上一章，我們了解到如何建立解決爭議的平台，而在這一章，我們便可以學習解決爭議時的溝通技巧和當中需要注意的細節。

要有效解決爭議，必須懂得如何溝通。溝通指的是我們與他人互相傳遞訊息和交流的過程，當中不但包括說話與聆聽，還有肢體動作、思想框架、談判技巧、創意思維等不同方面。溝通的目的是為了消除誤會，達致彼此滿意的結果；學習溝通技巧，將有助我們識別他人的真正想法，也能以更妥當的方式表達自己的意見，為解決衝突、修補關係創造契機。

良好的溝通並非單方面傳遞訊息，而是雙向交流的過程。我們與他人通過互相交流彼此理解，並確定往後的行動。當中包含五個層次：

一、發送
二、接收
三、理解

四、共識

五、行動

在遇上爭議時，可以先了解是在哪一個溝通層次出了問題，再經由排除問題消除爭議。以下將詳細介紹溝通的五個層次。

溝通的第一個層次：發送

發送、傳遞或分享訊息，都屬於「發送」的層次。我們通過不同方式發送訊息，像是面對面交流或傳送電子郵件。很多人對溝通的理解僅僅停留在這個層次，以為發送了訊息，對方就能明白自己的訴求，其實並不然。發送訊息不意味着已被接收及理解，正如我們在社交平台上分享了一張生活照，不等於身邊的親朋好友一定看得到，就算看到了，他們對照片的感受也可能跟我們想表達的不同。有些溝通誤會就是由於發送訊息的人以為自己已跟他人溝通，卻沒有意識到對

方根本沒接收訊息，或錯誤理解訊息內容。發送訊息只是溝通的第一步，還要留意對方是否已接收訊息，能否理解訊息背後的目的，才能確保訊息順利傳遞，並達成預計的結果。

溝通的第二個層次：接收

發送訊息後，我們要主動尋求對方回應，了解他們是否接收到訊息。例如要求他人在收到並閱讀電子郵件後回覆；在面對面的交談時，請對方覆述他們聽到的內容，或以簡單的提問確保對方正在聆聽。惟有獲得回應，我們才能確保對方真正接收了訊息。尤其當需要他人行動跟進時，就更要確保對方已接收訊息。

溝通的第三個層次：理解

只是接收訊息仍不夠，我們還要確認他人是否正確理解訊息內容。正如看到半杯水時，有的人會因仍有半

杯水而欣喜，有的人會因只剩半杯水而沮喪一樣，面
對同一個訊息，不同的人會有各自的解讀。若是訊息
中包含模稜兩可的字眼，譬如「盡快」、「盡量」、「也
許」、「可能」，就更容易引起誤解。

言者無心，聽者有意，許多溝通衝突便是源於爭議雙
方對訊息的理解不一致，因而產生誤會。作為發送訊
息的人，我們在收到他人的回應後，可以檢視對方的
回應是不是和我們發送的訊息相符，及時澄清誤解。
如果是接收訊息的人，也可以客觀覆述對方的說話，
「我剛才聽到你說的話，你的意思是……」，確保接收
的訊息無誤。例如老闆叫秘書複印文件的第三至第七
部份，要是秘書不肯定具體範圍，可重新以自己的理
解覆述：「請問是不是複印第十五至第三十二頁？」若
秘書覆述的頁數正是老闆希望他複印的範圍，就代表
他們之間進行了有效的溝通，否則老闆也可即時修正
秘書的錯誤。

當各方就着爭議議題陳述立場、交換意見時也一樣，我們可以先覆述他人觀點，再提出自己的看法，在理解他人的基礎上，尋求獲得對方理解。

溝通的第四個層次：共識

共識是指覆述並確認我們理解的訊息。共識和理解看起來相似，但前者是在後者的基礎上，與他人進一步就訊息背後的目的達成一致看法。我們在接收訊息後，需要理解他人表達的重點，重新詮釋，這是「理解」的過程。接着我們要再度詢問自己表達的意思有沒有錯誤，是不是正確理解他人希望我們做的行動，這個再度確認的過程就是「共識」。

「我不吃蘋果啊！蘋果吃完了更口渴。中午的時候吃了蘋果，還有梅菜蒸魚頭、豉汁炒排骨，也沒有湯湯水水。全部餸菜都放了很多醬料，太鹹了。」婆婆年紀大了，思維跳躍，說話顛三倒四。孫女欣欣在午飯

後拿了一個蘋果給婆婆作為「飯後果」，婆婆卻說了這樣一番話。你能從中找到婆婆表達的訊息嗎？

欣欣決定先理解婆婆的話：「你是不是覺得午餐太鹹了，又沒有湯，令你很口渴？」通過理解和重組訊息，跟婆婆確認訊息內容，正確了解她的感受。

當發現理解無誤，欣欣就可以進一步確認：「你很口渴，所以不想吃蘋果，我拿水給你喝好嗎？」藉着再度確認，欣欣得以與婆婆達成共識，確定下一步的行動。

婆婆發送的訊息是「不想吃蘋果，口渴」，目的是為了喝水，當欣欣正確理解婆婆的訊息，就可根據她的需要提供解決方案（拿水給她喝），並藉着共識確保新方案能滿足婆婆的需求。

在處理爭議時，雙方需就傳遞的訊息達成共識（也就

是解決爭議的方案），因此需要關注訊息背後的需求及真正目的，才有可能達致雙方都認同的理想共識。

溝通的第五個層次：行動

我們與他人達成協議後，便可作出決定或行動，落實協議內容。行動前必須得到雙方同意。當雙方對訊息有充分理解，協議定得越詳盡清晰，行動也會越順利。

面對爭議時，我們通過以上五個溝通層次與他人交流，從而互相理解。那麼在這個過程中，有哪些方面需要注意呢？以下介紹的七個溝通技巧，能幫我們完善整個訊息傳遞的過程，避免各種因溝通失誤而產生的問題。

有效溝通技巧之一：了解七大溝通元素

有效的溝通包括七個元素：傳訊者、接收者、訊息、

目的、媒介、環境、回應。當中任何一個元素出現問題都會影響溝通效果。如前所述，傳訊者發送訊息後，需要尋求接收者回應，而接收者也要理解和覆述訊息，確保接收的資訊無誤。除此以外，我們還要留意訊息本身的目的、傳遞訊息的媒介和當時的環境所帶來的影響。

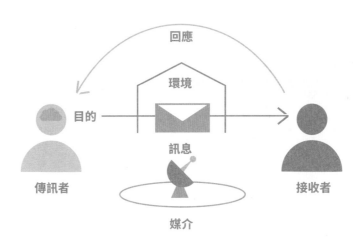

圖五　有效溝通的七個元素

我們與人溝通時都帶有既定目的，因此訊息必須清晰、指示鮮明，避免空泛離題、不着邊際，影響他人接收和理解我們的真正意圖。選擇發送訊息的媒介也是同理，我們可視乎情況，藉着話語、文字、圖畫等方式，簡單而有條理地表達自己的想法，並通過面對面傾談、電話、電郵、社交平台等媒介，把訊息發送出去。不同的媒介可帶來不一樣的效果，例如以電郵傳遞的訊息一般給人較正式的感覺，需要認真看待和處理，站在街邊閒聊時傳遞的訊息，就可能會因為過於輕鬆而被人忽視。

另一個容易忽視的是環境因素。接收訊息的環境也會影響我們對訊息的吸收，譬如老師在學校上課的時候，學校隔壁的地盤正進行打樁工程，不斷發出巨響，即使學生盡力專心聽講，也會受到干擾，未能完全接收老師授課的內容。我們需要處於舒適、安全的環境中，才能放鬆身心，將注意力集中於吸收訊息上。學校的室內設計多採用淺色元素、光線充足，就是為了

讓學生能夠專心上課。同樣，在處理爭議時，準備一個舒適而正規的會談環境，能令爭議雙方放下戒備心理，以認真的心態面對談判。

相反，如果溝通不當，容易引發爭議，甚至將本來正面的訊息演變成負面的衝突。以下這場誤會，便是由於溝通不當引致。

九章會計師事務所一向善待員工，致力於提升公司福利，避免員工因長工時和巨大的核數壓力而離職，影響公司運作。公司今年開始為員工提供生日假期福利：每位全職員工可獲一天生日假，並可選擇於生日日期前後一個半月內放假。九章於年初便以電郵的形式向全公司員工宣佈新福利政策，表示生日假期政策將由4月1日財政年度開始時實行。

Shirley是公司內其中一位部門主管，自公司宣佈新政策後，她平時出入辦公室，也能聽到同事興致勃勃地

討論這項新福利，你一言我一語，積極商量該選擇哪
天放假，以自製「小長假」。不過為免仍有同事沒留意
新福利，她在收到公司電郵後，再以電郵方式提醒同
事留意生日假期的放假時限，以及時申請假期。

到了 7 月，負責部門雜務的蓮姐向 Shirley 申請放生日
假。Shirley 一問之下，發現蓮姐 5 月生日，7 月早過
了她能放假的時間，便遺憾地告訴她，因放假時限已
過，沒辦法批准假期。蓮姐十分驚訝，表示她本來並
沒收到公司通知，也不知道具體的政策安排，只是平
時跟同事閒聊，聽他們提起，才知道這項新福利。同
事說：「生日的三個月內都能放假。」蓮姐就以為是生
日前後的三個月內都能放假，不知道原來是指生日前
後各一個半月內必須放假。

Shirley 了解後發現，蓮姐因負責影印、收件、送信等
雜務，公司沒有為她開設電郵信箱，也的確沒經由其
他途徑正式通知她有關新福利的詳情。Shirley 決定靈

活變通，讓蓮姐下週在家工作一天，代替沒辦法補放
的生日假，蓮姐感激地接受了。Shirley 同時將消息上
報至行政部門，行政部門馬上向公司內沒有電郵的員
工發送紙質通知書，向他們解釋公司的新政策。

蓮姐興高采烈地申請生日假期，一心以為能多休息一
天，誰知早就過了放假期限。由此可見，傳訊者發送
了訊息，不一定等於全部人都已妥當接收，當中可能
有接收者收不到訊息，也可能錯誤理解出現認知落
差。讓我們一起看看生日假期政策的訊息傳遞過程，
找出當中有效溝通的七個元素和溝通的五個層次，看
是哪裏出現了問題。

九章宣佈生日假期福利，訊息便是：由 4 月 1 日開始，
員工可於生日前後的一個半月內申請生日假期。當中
的傳訊者是公司管理層，而接收者自然是一眾員工。
如果員工清楚了解訊息內容，並懂得作出回應（即在
適當的時間申請假期），這個訊息就能達到傳送時的

目的。九章通過電郵這個媒介傳遞訊息，可是在公佈好消息時，明顯遺忘了在公司這個環境內，還有一些沒有公司電郵信箱的同事，他們會因為收不到電郵而無法接收訊息。九章忽略了環境因素，使公司對訊息傳遞的媒介選擇有誤，令傳送過程出現了斷層，訊息無法有效傳遞給每一位同事，蓮姐便是無法接收訊息的接收者之一。

不過，蓮姐並非對新福利毫不知情，她在與同事閒聊時已經得知生日假期的訊息。這時我們便可以看到溝通的五個層次對有效溝通的影響。同事向蓮姐傳遞了生日假期福利的訊息，蓮姐接收了訊息，他們已經完成溝通的首兩個層次。但到了理解的過程，卻沒有人發現蓮姐對訊息的理解有誤。同事提出「生日的三個月內都能放假」，蓮姐對這番話的理解是「生日前三個月或生日後三個月內都能放假」，他們沒有嘗試確認蓮姐的理解和同事表達的意思是否一致，溝通的誤會便由此產生。因為蓮姐理解有誤，自然沒辦法達致有

效的共識（在正確的時限內申請假期），連帶作出了錯誤的行動。

要做到有效溝通，需要的遠不止傳遞和接收訊息，還得考慮訊息傳遞的媒介和環境因素，並確保對方對訊息有正確的理解，這樣才能真正達到溝通的目的。幸好九章及時發現溝通上的問題，通過加入新的溝通媒介（紙質通知書）及時補救，避免將來再出現像蓮姐一樣的情況。

有效溝通小貼士

· 語言簡單、直接、清晰、易懂
· 訊息具確、明確
· 避免對外行人使用行業術語
· 語言及非語言的表達要一致
· 發言時要留意接收者的身體語言，從中觀察對方的感受。

· 當不明白對方說話的時候，立即詢問，請對方澄清
　疑問。

· 以開放的態度接收他人的訊息，態度中立、公正。

· 易地而處，多站在對方的角度思考問題，彼此建立
　互信。

有效溝通技巧之二：積極聆聽

良好的雙向溝通過程，除了傳送訊息，還要接收訊息。
積極聆聽不僅是用眼睛或耳朵接收別人的訊息，也要
留意對方在表達時所用的字眼，以及身體語言、眼神、
動作、情緒。在作出任何回應前，我們必須放下成見
和預設，用心聆聽別人的說話，真正理解訊息背後的
實際需要和情感需求後，再作出適切的回應。

宋氏夫婦新婚，想租房子作為新居。地產代理帶他們
去了區內交通便利、背山面海的私人屋苑看兩房單

位，業主叫價租金每月 25,000 港元。宋太參觀單位後十分滿意，但兩夫婦的租金預算只有 22,000 港元，於是請地產代理詢問業主可否減價，業主的回應是「可以商量」。雖然業主沒有言明，但這四個字已暗示租金可有適當調整。宋氏夫婦若能聽出業主背後的意思，自然懂得還價，以更理想的價格租下單位。

我們在聆聽的時候，也要作出簡單回應，讓對方知道我們正在聆聽，感受到尊重。兒童教育裏常出現這樣的理論：要蹲下平視小朋友，說話時看着他們的眼睛，讓他們感受到大人對他們的尊重，增加親切感，這時小朋友會更願意聆聽大人的指示。不要小看這個行為，眼神交流能大大影響他人對我們的觀感。如果一個人總在別人說話時迴避眼神交流，別人會以為他沒有專心聆聽，沒認真看待雙方討論的話題，若雙方已產生爭議，這便會令衝突加劇。相反，在別人說話時看着對方，對方也會在我們的眼神鼓勵下，願意表達更多想法和感受。

除了眼神接觸，我們還可以點頭示意，以「唔」、「嗯
嗯」、「明白」等話語簡單回應，或者作出表示讚賞、
加油的手勢或動作，讓對方知道你正專注聆聽、認同
他的說話。有時一個簡單的回應也能給予他人信心及
鼓勵。學校的聖誕活動，小孩要上台表演，站在台上
的那一刻，不少人會下意識尋找自己熟悉的面孔。人
都有缺乏信心和安全感的時候，若在此時看到父母對
自己微笑、點頭，再加上支持的手勢，對孩子來說是
一枝強心針，鼓勵他們自信地表演。在面對爭議時，
這些回應方式也能讓他人感受到我們的善意，以緩解
緊張的關係。

爭議的出現正由於雙方對事情有不同的看法，因此，
當別人表述立場時，我們不認同也很正常。這時無需
急於回應，可以先用紙筆記下自己的觀點，待對方發
言完畢再回應，不要胡亂打斷對方的說話。這既是對
他人的尊重，也是基本的禮貌。如有任何疑問，也應
該等待對方說完後再提出問題，說不定對方會在後面

的話中進一步解釋先前的言論。做個好的聆聽者，細心傾聽，尊重他人的表達方式和節奏，才能在處理爭議時平息各方情緒，創造坦誠交流的平台。

積極聆聽小貼士

· 別人說話時看着對方

· 以言語或動作簡單回應

· 專心聆聽，不要胡思亂想。

· 確保接收全部重要的訊息，沒有遺漏。

· 避免環境或他人干擾我們專心聆聽

· 有疑問先記下來，待對方發言後再提問。

有效溝通技巧之三：身體語言

我們在興奮時高舉雙手，整個人跳起來；害怕時縮着身體，用雙臂環抱自己，身體語言往往比口頭說話表

達了更多內心感受。在溝通時，關注他人的身體語言，能讓我們更加了解他們真正的想法、當下的情緒狀態，是不是專心聆聽或有哪裏不滿意。

與人交流時，一些平時未必留意的肢體動作，其實反映了我們心底的真正意願，像是專心聆聽或對話題感興趣時，眼睛會睜大；不想聆聽或不認同對方觀點時會把頭扭向一邊；遇到感興趣的事物，身體會稍微前傾，直視對方，神情輕鬆甚至微笑；不滿的時候則會表情繃緊，交叉雙手以示抗拒，身體向後靠在坐椅椅背上，或以蹺腿的方式增加與對方的距離。

觀察爭議各方的身體語言，能讓我們更確定其真正立場。對方若是持開放態度，贊成我們的建議，就會通過輕鬆閒適的身體語言表現出來；若根本沒有談判意願或持反對立場，則會迴避抗拒。

身體語言除了讓我們了解他人的真正想法，有時也能

幫助我們緩和緊張的關係。當兩夫婦為子女的教育問題各執一詞，丈夫給妻子一個擁抱，就能使她冷靜下來，跳出情緒化的爭拗或堅持，重新回到具體的討論和分析中。

在處理爭議時，衝突雙方不一定能時刻保持冷靜理性，這時一個簡單的動作就能化解雙方激動的情緒。

貨車失控衝上行人路，令鄭先生身受重傷，自此行動不便。鄭先生與貨車司機就賠償金額發生糾紛，雙方談判期間，鄭先生講述康復過程的辛酸時激動落淚，這時司機及時道歉，並遞上紙巾、拍肩安撫，可緩和鄭先生的情緒，令他心情平復。

動之以情有時比說之以理更有效，善用身體語言，鼓勵他人積極表達自己的看法或感受。在會議期間以手掌示意他人發言，身體前傾，保持微笑或平靜地注視對方，都能於無形中化解他人的不安及緊張情緒，營

造坦誠交流的良好氣氛。我們在溝通時也應避免各種
負面的身體動作，像是以皺眉、托腮、雙手交叉、以
手指指向他人，以免引起他人反感，阻礙談判進程。

認識身體語言

· 面部表情

    舔嘴唇：緊張

    皺眉：不認同

    托腮：對話題沒有興趣

· 語調

    聲線高：情緒激動

    語氣低沉：沮喪、沒信心

· 肢體動作

    雙手交叉：不滿意

    咬手指、玩手指、玩筆：緊張

    以手指指向他人：命令式動作

    以手掌示意：較有禮貌的指示方式

· 坐姿

身體後傾：對話題不感興趣	
身體前傾：專注、對話題感興趣	
身體放鬆、雙腿微張：持輕鬆、開放態度	
坐姿端正、雙腳併攏：心情緊張	

有效溝通技巧之四：適當提問

在解決爭議的過程中，我們可以通過提問了解各方立場，引導談判進行。提問是一個特別有用的溝通工具，在適當的情況下提問，能讓我們對爭議事件有更清晰的理解。我們也可以通過提問引導他人反思，檢視是否仍有轉圜的空間；或者轉移對方的注意力，令他們從激動情緒中抽離，回到討論的議題上。

提問是為了得到答案，因此我們必須清楚自己想獲得怎樣的答案，再以此來判斷該如何提問。以下是一些

主流的提問方式，可以根據情況靈活運用。

一、常用的提問形式

・開放式問題：

「你覺得怎樣的方法比較好？」

「請問你覺得哪些方面不能接受？」

開放式問題是最常見的提問形式之一，這類問題沒有特定答案，用以搜集資料，了解事件背後的原因。「怎麼」、「如何」、「為甚麼」等都是常見的提問字眼。

・封閉式問題：

「你是不是接受他用這樣的方案解決這個問題？」

封閉式問題用以獲取具體訊息，像是在會議最後階段確認爭議雙方的立場。這類問題包含「是、否」、「可以、不可以」、「接受、不接受」等字眼，指向確切的答案。

· 澄清式問題：

「請問你的意思是甚麼？」

「在這 100 萬元中包括哪些賠償項目？」

澄清式問題常用於徵求更多資訊，可幫助我們進一步了解議題中不清晰的部份，期望對方提供具體陳述或解釋。

· 假設性問題：

「如果他這樣做，你會怎麼考慮？」

「如果沒有這宗意外，你的生活會是怎樣？」

假設性問題沒有任何預設立場，只是提出一種想法或假設一個場景，引導他人思考他們會如何應對。根據這些假設，我們可以更加了解他人的真實想法，對方也可通過思考這些問題確定自己的真正意向。在現實測試階段提出假設性問題，能讓我們確保解決方案真的可行。

二、在適當情況下才適用的提問方式

·探究式問題：

「如果對方願意賠償 10 萬港元，你覺得是否可以接受？」
探究式問題往往涉及個人主觀感受，如果跟他人尚未
建立信任便提出此類問題，探究對方不曾表露的真實
想法，可能會產生反效果。但在各方討論並得出解決
方案時再提出這類問題，就比較容易令人接受，從而
了解對方真正的感受。

·反思式問題：

「剛才他提出這樣的方案，如果你是他，你覺得可以
接受嗎？」
反思式問題要求回答的人易地而處，站在別人的角度
思考問題的答案，尋找雙方共通點，難度很高。提出
這類問題前，必須確保爭議雙方已互相理解和信任，
願意設身處地為他人着想。

三、必須避免的提問方式

· 盤問式問題：

「為甚麼你於前天上午十時五分在這間店舖出現？」

類似審問疑犯的提問方式，容易引起反抗心態，需要避免。

· 諷刺式問題：

「你居然能開着車撞上行人路，駕車技術怎麼這麼厲害呢？」

以問問題的方式嘲笑或挑釁對方，容易令對方情緒激昂，失去理智，窒礙談判進程。

提問也要講求技巧，在溝通過程中，別人可能因為各種原因不願或未能回答問題，像是不理解問題內容，問題過於複雜難明，需同時回答數個問題，被問及私人資料等。當人處於情緒激動或注意力不集中的情況下，也可能沒辦法妥善回應，需待他們情緒平復方可再次提問。因此，在向他人提問前，我們先要細心聆

聽對方的表述，觀察其身體語言，了解他真正的想法和狀態後，再根據情況判斷該怎樣提問。

今年八十有二的黃婆婆有兩個兒子，其中聰仔與她同住。聰仔在物流公司任職，經常需要前往內地工作，一去便是一兩個月。這天，黃婆婆接到電話，對方一開口便問她是不是聰仔家人。黃婆婆說是，對方馬上焦急地表示：「你兒子在內地遇到意外受傷，現在在醫院裏面，要立刻動手術，手術費約 15 萬元人民幣，你快點匯錢來吧！」黃婆婆大吃一驚，忙說：「啊？我的聰仔現在怎樣，情況嚴重嗎？我沒有那麼多錢，怎麼辦啊？」對方就問：「那你銀行戶口裏有多少錢呢？你先拿出來，其他的我幫你先付吧，讓他趕快做手術比較重要。」「謝謝你啊！我大概只有 8 萬多港元。」「你先取 8 萬港元，馬上匯款給我，我給你匯款號碼，趕快匯給我吧，聰仔等不及了。」

黃婆婆放下電話後，馬上拿着拐杖出門。她因關節退

化，行動不便，走路時必須扶着枴杖，但仍以最快的
速度趕去銀行。黃婆婆進入銀行時，銀行經理朱先生
看到她步伐不穩、神色惶惶，像是十分緊張的樣子，
忙迎上前扶着她，提醒她小心跌倒。黃婆婆一心想着
快點取錢救兒子，看到有人迎上前便說：「我有急事
要取錢，要救聰仔啊！來不及了，來不及了！」朱先
生忙把她帶到尊貴櫃位，讓她不用排隊，立刻辦理所
需服務。過程中黃婆婆仍焦急地自言自語，朱先生見
狀，便跟櫃檯職員潘小姐交代：「你幫一幫這位婆婆
提款。」還以手掌指向黃婆婆，朝潘小姐眼神示意，
讓她多照顧婆婆需要。

潘小姐先安撫黃婆婆，又問：「婆婆想取多少錢呢？」
「我要取八萬出來，急用，匯去內地這個戶口。很急！
來不及了，我的聰仔啊！」黃婆婆手忙腳亂地從手提
袋裏翻出一張隨手撕下的紙，遞出來，上面歪歪扭扭
地寫了一串數字，一看便知是匆匆寫下的。潘小姐結
合黃婆婆的神態，猜到她有急事，忙問：「婆婆為甚

麼這麼急着匯款呢？方便透露一下匯款原因嗎？讓我看看怎麼處理最快最方便。」黃婆婆解釋了一番，潘小姐這才疑惑起來，「你說有電話打來，讓你匯款給兒子做手術，那婆婆給兒子打過電話嗎？或者有沒有嘗試打去『防騙易』熱線，核實一下打給你的電話號碼呢？之前我們銀行也遇到其他長者有類似的情況，後來才發現電話是假的，被騙走了很多錢。不如你先看看能不能找到兒子，或者核實一下電話號碼？」

黃婆婆聽罷，便給兒子打了個電話。怎知，「聰仔沒有接聽啊，怎麼辦？他肯定在醫院，你快幫我匯款啊，求求你了！」黃婆婆憂心忡忡，執意提款，潘小姐於是舉手招來朱先生，兩人一同扶着黃婆婆，拍肩安撫。潘小姐幫她打電話至警方的「防騙易」熱線，黃婆婆聽到熱線中心職員跟她解釋電話是詐騙號碼後，才慢慢冷靜下來。這時，聰仔也打電話給她，說自己忙完了工作，明天回港。黃婆婆聽到愛兒精神奕奕的聲音，總算放下心頭大石；然後轉向朱先生和潘

小姐，不斷感謝他們協助，「我以後都會核實清楚，做個精明的老人家！」

黃婆婆有驚無險，保住了 8 萬港元存款，過程中有賴朱先生和潘小姐幫忙。他們運用三大溝通技巧：積極聆聽、身體語言、適當提問，及時發現異常，順利將黃婆婆從騙案中解救出來。

在黃婆婆進入銀行時，朱先生已經留意到她步伐急促、神色緊張，口中喃喃自語，像是十分焦急的樣子。而當黃婆婆到了櫃檯前，潘小姐也從她慌忙地翻手提袋、拿出匆忙寫下匯款號碼的紙張這些行為，意識到黃婆婆遇上緊急情況。加上黃婆婆不斷表示「來不及」、「很急」、「救聰仔」，朱先生和潘小姐細心聆聽了黃婆婆的這些話，以及留意到她所表現出來的身體語言，於是懂得及時回應，迅速跟進她的要求。

兩位銀行職員在面對黃婆婆時也積極運用身體語言，

安撫其激動的情緒。例如朱先生在黃婆婆進入銀行時,馬上上前攙扶;把她帶到櫃檯前時,則以手勢向潘小姐示意多多照顧;最後拍肩安撫黃婆婆等,都能有效緩解婆婆焦慮的情緒,幫助她冷靜下來。

在提款的過程,潘小姐通過澄清式問題,發現了黃婆婆急着提款背後的真正原因,並藉着提問了解更多詳情。而潘小姐的一系列提問,也讓黃婆婆從激動的情緒中抽離,意識到自己有可能遇上電話騙案。這時潘小姐和朱先生及時安撫協助,提醒黃婆婆自己打電話給兒子和防騙熱線確認,令她進一步相信自己可能受騙,這才順利識破騙局。

提問是一個很好的溝通方式,讓我們獲得更多資訊,加深對事件的理解,以至幫助他人重新反思自己的立場和行為。為了令提問達到增進溝通的目的,我們在提問時,需要保持正面思維,放下固有立場,客觀持平地提出詢問,避免藉問題模糊視線,引導他人轉向

自己預期的方向。通過不同類型的問題了解更多資訊，就能慢慢解決爭議。

提問小技巧

· 用字簡單、具體

· 問題不帶有自身立場，保持客觀、公平。

· 每次只問一道問題

· 確保對方正在聆聽

· 緊記提問的目的是為了獲得某項資訊，切勿盲目提問。

· 在未建立信任前，避免詢問涉及個人私隱的問題。

· 避免於他人情緒激動時提出問題

有效溝通技巧之五：重新塑造框架

我們遇事時的反應，往往取決於對該事件的理解。重新塑造框架讓我們通過正面思考和正面表述技巧調整

看事情的方式，跳出本身的思維局限，以另一個角度理解事情，從而改變態度。一件事可以有不同的思考角度，一個問題也可以有多種解決方式，當觀點改變，我們對事情的感受和回應也會隨之轉變。

在日常生活中或遇到爭議的時候，不妨多作正面的思考。我們在職場上不時面對人事變遷，突然換了新老闆，昔日受重用的員工遭到冷落。有的人可能萌生「東家唔打打西家」的念頭，但有誰能保證新的工作環境比現在更理想？若從正面角度思考，如今工作清閒，正是進修的好時機，可以積極裝備自己，作好準備，等待新的發展機會，就能將鬱鬱不得志的心情變成努力籌劃未來的積極態度。

長期置身於固有的環境中，容易令人思維僵化，遇到問題時失去靈活應變能力。因此，我們要不斷嘗試跳出舒適圈，在面對衝突時，學習從本身的情緒和角色抽離，一旦心態改變，就會發現「辦法總比困難多」。

中學訓導老師周主任每個月都要到不同班級觀課和巡視課堂紀律，這個月來到許老師的數學課。許老師像平時一樣用心準備教案，在課堂上通過各種小遊戲教授抽象的數學理論，學生反應熱烈，課堂氣氛良好。許老師以為順利「過關」，周主任和他作課後檢討的時候，卻一直批評他課堂管理不善，各種遊戲令學生難以專心吸收知識，學生不時趁機閒談，甚至有一個學生偷偷玩手機。許老師聽罷情緒十分低落，開始思考自己的教學策略是否出了問題，也害怕再跟周主任交流。後來他每次上課看到周主任巡視便緊張起來，不久就因壓力過大而辭職了。

但許老師不知道的是，周主任對他的教學態度並無不滿，只是希望他上課時能更加注重課堂紀律。學校透過觀課了解老師的教學水平，協助他們改善課堂上不足之處。觀課的目的不是要找出老師的錯處，而是希望老師能夠更有效地把知識傳授給學生，因此在作課後檢討的時候，周主任可以嘗試跳出訓導老師的身

份，在「傳授知識」的框架下重新檢視許老師的教學質素。這樣他就能看到許老師為課堂作了很多準備，將複雜抽象的數學理論拆解成有趣易懂的小遊戲，學生雖然私下交流，卻真正領悟了數學知識，達到授課的最大目標。至於許老師也可以嘗試從被主任指責的難過情緒中抽離，回到觀課的目的「改善教學水平」上，重新思考課堂上有哪些不足之處，就能放下恐懼心理，和周主任理性討論該如何改進了。

從觀課事件我們可以看到，單方面的指責和負面態度，既無法解決原本的問題，也容易破壞人際關係。改變心態，可以從減少互相指責，多運用正面表述技巧開始。像是「懶員工」、「無良僱主」這些負面標籤，本來就限制了我們對事情的思考。認定員工懶，看到他無所事事便覺得他在偷懶；認為僱主無良，只要他要求加班便覺得這是無故侵佔自己的私人時間。避免負面字眼，回到事情或爭議本身，才能客觀地思考解決方法。

好比周主任在觀課時發現紀律問題，也可以用更正面
的方式表達：先稱讚許老師的用心準備，再提醒他改
善課堂秩序，建議在上課時多留意學生的情況，適時
提問，以避免他們私下傾談或玩電話。先以正面態度
鼓勵對方，再就問題提出具體改善建議，比單向批評
更容易令人接受。

我們都喜歡聽到正面評價多於批評，與人溝通時善用
語言的藝術，也能有效避免衝突。當家長看到小孩亂
跑亂跳、無故哭鬧的時候，最常講的話是「不可以」、
「不好」、「不要」，但這樣往往會激發小孩的反抗心
理。嘗試以正面的語言跟他們商量，就能讓他們更願
意接受。在面對爭議時多運用正面表述方式，也能幫
助他人跳出本身的思維限制。商場的顯示屏幕壞了，
如果只簡單張貼寫了「壞」字的紙張，途經的顧客就
會質疑為何不及時維修損壞的屏幕，繼而對商場管理
產生負面觀感；假若以告示板寫上「軟件提升中，請
耐心等待」，顧客的負面情緒就會大為減輕，期待屏

幕修好後可能看到的精彩節目。

其實，不少商業機構早就意識到正面語言的力量。例如海洋公園會於維修設施時在裝修圍板寫上「優化工程進行中」；迪士尼樂園的則是「我們在粉飾此項設施，施展魔法中」，「我們正在為你創造一個全新的奇妙體驗」；港鐵也會於維修扶手電梯時，在圍板寫上「我的身體有超過 2,000 個組件」，「每一年 365 天，每天 20 小時為您服務」，「為您做得更好」。企業通過這些正面表述方式為顧客提供更多資訊，令人理解為何某項設施暫時無法使用、為何需要維修。幽默、擬人化的訊息也能讓人會心微笑，願意體諒暫時的不便。在思考時想要跳出本身的思維局限，除了善用正面的語言技巧，走出語言表述時塑造的無形框架外，還可以嘗試把問題置放在不同情境中，從另一個角度重新思考問題，也許就會找到不一樣的答案。例如在風和日麗的星期天，一家人去郊外燒烤散心，這時看到一個三歲的小朋友拿着燒烤叉，笨拙地把地上的垃圾一

個個叉起來，丟到不遠處的垃圾桶裏，我們只會覺得這個小朋友好乖、好可愛。但要是換了一個新情境，在一個落後的第三世界國家，一個臉黃肌瘦的三歲小朋友在垃圾堆填區裏撿垃圾，我們大概不會覺得他可愛，只會感慨這個小孩怎麼那麼可憐。同樣是撿垃圾的三歲小朋友，但當情境改變，我們的感受也隨之不同了。

Joseph 於投資銀行工作多年，工時雖長，但收入豐厚。早前他為了讓五歲的女兒能在更理想的校網升學，於是購入半山豪宅。Joseph 精心打造新居，僅僅是裝修就花了數百萬港元，其中主人房一幅藝術家手繪的特色牆再花了近 100 萬港元。Joseph 對特色牆十分滿意，認為這大大提升了一家人的居住品質和藝術氣息。裝修後不久，他便和太太、女兒 Lilian 滿心歡喜地搬進新居。

Lilian 明年便要升讀小學，Joseph 和太太都覺得要培養

她的藝術天份和創意思維，讓她將來得到更多元化的發展，因此給 Lilian 報讀了 3,000 港元四堂課的手板畫興趣班。Lilian 第一次上課後，帶着手板畫興致勃勃地跑到父母面前。Joseph 和太太看到色彩斑斕的圖畫，忙不迭地稱讚女兒畫得好。Joseph 更表示：「Lilian 你太有天份了，要是你生在畢加索的年代，說不定比他還出色。」

Lilian 得到父母鼓勵，開心不已，對畫畫的興趣和信心大增，又詢問父母能否給她買畫紙、顏料練習。其後 Lilian 每週乖乖上課，課後在家繼續練習手板畫。Joseph 每次看到她的作品，都稱讚女兒有藝術家天份，又細心地把她的畫作妥善收藏，並拍照上載至社交網絡，和親朋好友分享。Lilian 看到爸爸對自己的欣賞和認同，十分開心，眼見他工作辛苦，自己也算學有所成，便想給爸爸送上一幅手板畫作為禮物。想到爸爸下班後經常宅在家中，又那麼喜歡主人房的特色牆，Lilian 決定在本來的特色牆上重新創作，打造手板

畫特色牆，讓自己的畫作在爸爸休息時也能陪着他。
於是這天，Joseph 下班回家後，Lilian 神秘兮兮地牽着
他走到主人房，讓他欣賞自己精心準備的「驚喜」。

這時候，如果你是 Joseph，看到自己花了近 100 萬港
元的特色牆如今佈滿女兒的塗鴉，會有甚麼反應呢？

- 「Lilian！你做了甚麼？我花了那麼多錢供你學習，
你居然弄髒了我的特色牆？」
- 「哎呀，女兒呀，你不應該這麼做，雖然你畫功精
湛，但也不應該畫在牆上。我們要學習在適當的時候
做適當的事，不然哪怕是一番好意，也會變成做了壞
事啊，明白嗎？」
- 「Lilian，我的小天使，你真的太厲害了！我果然沒
有看走眼，你這幅畫完全是巔峰之作，爸爸的 100 萬
特色牆，被你畫龍點睛，價值肯定更高了！」

相信不少人看到斥資 100 萬的特色牆變了樣，肯定都

會感到愕然，但如果換一個情境，看到的是女兒在學校裏完成的巨型手板畫呢？那我們可能會由震驚變成自豪，為女兒年紀輕輕就能獨立完成巨型畫作而驕傲。

面對同樣的情境，不同的人有不一樣的感受。Joseph便面對三種選擇：怒上心頭，氣急敗壞地指責孩子，甚至懲罰她；意識到孩子的一片孝心，在一時愕然後迅速反應過來，利用這個機會好好教育孩子為人處事之道；驚歎於女兒的創作天份，大力稱讚孩子，給她更多鼓勵與認同。三種反應，會導致不一樣的結果：女兒被父親責備後大受打擊，從此失去對繪畫以至藝術的興趣；認識到要在適當的時候做適當的事，以後做任何事情前都會事先詢問；在父親支持下更有自信，積極創作，將來成為小畫家。如果沒有及時重塑框架，Joseph 很可能作出第一種反應；但當他嘗試跳出來，從不同角度分析整件事，就可能認為女兒的教育與將來的發展，比百萬特色牆更重要，因而作出不一樣的回應。

任何問題都沒有絕對的答案，在面對爭議的時候，不妨通過置換框架，將問題放在另一個情境下重新判斷，改變原本的思考模式，理性分析，找出更為正面可行的解決方案。

正面表達的小技巧

家長教育小朋友的時候，可以嘗試運用以下的表達方式。我們在日常生活中與他人溝通時，也可考慮多說尊重、正面的話。

- 小孩亂跑的時候：「請你小心慢慢走。」
- 小孩大哭大鬧的時候：「爸爸／媽媽在你身旁，請你慢慢告訴我發生了甚麼事情。」
- 小孩用力摔打玩具的時候：「請你輕輕放下玩具。」
- 小孩搶去其他小朋友的玩具時：「請你先問問他，可不可以跟你一起玩。」
- 小孩生病了，卻非要吃雪糕時：「如果你現在吃雪糕，病情會加重。不如康復後再吃？」

‧小孩在你講電話的時候於一旁吵鬧：「請你等
　我完成這個電話，再跟我談話好嗎？」

有效溝通技巧之六：談判

要解決爭議，各方往往需要開會談判，協商彼此滿意
的處理方案。談判指的是兩方或多方試圖通過溝通交
換意見，以達成正面結果。和爭議一樣，談判總被我
們賦予負面色彩，認為只要上了談判桌，必然會與他
人針鋒相對，要爭個魚死網破。其實，談判只是解決
爭議的手段，各方可通過談判表達自己的立場，在公
平理性的平台上尋求一個較迎合雙方真正需要、互惠
互利的處理方法。

談判涉及大量溝通技巧，稍有不慎，就可能扭轉原本
正面的形勢。談判之所以容易失敗，便是由於人們在
溝通時進入了「立場式談判」的誤區，以為談判成功

與否在於能否堅持立場。但過於堅持己見往往會影響雙方關係，最終兩敗俱傷。

Jason 與生意夥伴 David 合夥開設補習中心，卻因為一筆 85,000 港元的進帳引發爭議。Jason 早對懶散輕浮的 David 心生不滿，認為他沒有理會補習中心的日常營運，卻要求更多利潤。David 則覺得自己專注宣傳工作，為補習中心招徠大量客源，理應獲得更多。兩人為了誰付出得多、誰應該得到更多爭執不果，於是打起官司來。經過初審再上訴，反覆拖了四年，才獲得最終裁決。四年間，Jason 於訴訟上花費超過 50 萬港元，David 亦花了將近 20 萬港元的訴訟費用，遠超出當初 85,000 港元的利益之爭。兩人也由於官司纏身感到不安，加上雙方關係破裂，使補習中心生意大受影響，失去的遠比區區 85,000 港元多。

由此可見，在談判時應將焦點集中於爭議本身，而非爭個你死我活。我們可以通過「原則性談判」尋求雙

贏局面。原則性談判包括四項關鍵：

一、將人和問題分開處理
對事不對人，從針對人的情緒中抽離。喜不喜歡一個
人，跟如何處理事情是兩回事，我們不能因為對他人
有好感而盲目退讓，也不能因為對他人抱有負面情
緒，就將爭議責任全部怪罪於他身上。在談判時，留
意自己的情緒，確保溝通過程不受私人情緒牽引。

二、以利益為中心
正如前面提及，在談判時，雙方立場不是爭論重點，
重點是立場背後所關注的需要或權益。跳出你輸我贏
的立場式談判，不必過於在意內心的負面情緒，有助
於在互相矛盾的立場中找到共同利益。

三、擴闊選擇
無論是尋求共同利益，抑或探討雙贏的解決方案，過
程中我們都需要不斷討論，加深彼此了解，以具創意

的方式找到對彼此有利的結果。無需太早作出定論，或被現實環境及現有的條件局限，嘗試打破零和思維，擴闊資源及選擇的範圍，以開放態度積極商討各種解決問題的可能。

四、堅持客觀、公平、公正的標準及程序

為了令談判不受私人情緒及負面關係等主觀因素影響，應堅持以客觀公平的標準和程序為依歸。例如以往的同類法律案例、專業人士報告等，令人有準則可依循。

掌握原則性談判的關鍵，有助爭議雙方將談判焦點放在爭議本身，並通過談判找到彼此滿意的解決方案。有時候，就算尚未出現爭議，我們與他人意見不合時，也可以通過以上四大原則尋求共識。

子建是一個工程師，碩士畢業後工作了三年，考獲其中一個工程師牌照，現時月薪接近 60,000 港元。不過

人向高處爬，子建在事業上一向進取，希望在最短時間裏升職加薪，早日賺取人生中「第一個 100 萬」。他覺得自己已工作數年，有一定經驗，加上已考取本地牌照，也準備在這一兩年裏考取國際認可的另一個牌照，要是有哪間公司願意以月薪 100,000 港元聘請，他便會馬上轉職，就算因此要向現在的公司支付三個月薪金的離職代通知金也不是問題。因此，子建最近積極尋找新的工作機會。

他面試了幾份工作，其中一間公司願意給他 65,000 港元月薪，即時到任。子建覺得，這間公司無論是工作性質還是薪酬水平，都跟他現時的職位差別不大，所以對此聘用有所保留。這時，一個新的招聘廣告讓他眼前一亮：東升工程公司招聘全職工程師，要求至少三年工作經驗，擁有本地加國際認可的工程師牌照，可即時上班，薪資優厚。子建自問差不多符合要求，便去應聘，並成功獲得面試機會。

面試由東升工程公司建造部門經理宋先生及人力資源部門主管歐太負責。在東升的角度，公司未來三年將開展大型工程項目，現時人手不足以應付將來的工作量，因此需要聘請有經驗的工程師，可馬上接手新項目的前期準備工作。市場上擁有三年工作經驗的工程師，月薪介乎 50,000 到 90,000 港元之間。如果遇到合適人選，東升願意以 80,000 至 100,000 港元月薪聘用，以確保新項目順利開展。

宋先生和歐太在跟子建面試時，全面了解了他現時的工作、學歷和其他技能，對新工作的想法，以及將來的事業規劃，其後兩人隨即展開激烈討論。歐太在看到子建的履歷時便對他沒有好感，覺得子建剛工作二年，暫時只考了一個牌照，還叫價 100,000 港元，是獅子開大口，不切實際。歐太負責人事管理，看着公司裏的年輕員工總在短時間內來來去去，使她對年紀不大的子建也沒有好感，認為他還年輕，事業發展不穩定，容易跳槽，所以不建議聘用。

宋先生卻持不一樣的想法。他在面試期間感受到子建
對工作的衝勁和活力，欣賞他充滿自信的表現，認為
他是株值得栽培的好苗子，長遠說不定能被培養成東
升的中高層。最讓宋先生驚喜的，是子建懂得不少資
訊科技知識，為東升的工作流程提出不少具建設性的
建議。聘請子建，除了讓他在工程方面發揮所長，還
能幫助推進公司數碼化的發展，因此宋先生大力支持
聘用子建。

兩人爭持不下，久久沒有定案，於是決定跳出對子建
的個人觀感，根據原則性談判的四項原則，重新分析
子建是否合適的員工，從而發現：

一、當他們重新以「這位應徵者是否適合東升的工程
師職位」的角度來考慮時，就能走出喜歡或不喜歡子
建的偏見。考慮到子建學業成績好，對工作很有自己
的想法，也曾參與類似的工程項目，十分適合負責公
司新項目的前期開發工作。

二、東升公司即將開展大型項目，需要大量人手，建造部門本身已經人手不足，如果沒辦法盡快聘請新同事協助，新項目開展後將大為加重現有同事的工作負擔，令他們士氣越發低落，及早聘用新員工是他們的實際需要。至於為公司長遠發展着想，也需要不斷有新同事加入，帶來創新思維。子建未來兩年將考取國際認可的工程師牌照，如果慢慢培養，他在今後二十年或可成為公司要員，持續作出貢獻，在公司的角度也是適合投資的人力資源。

三、宋先生和歐太在面試子建前，也曾面試其他應徵者，但其他人的表現都不及子建。而在面試期間，他們發現子建除了熟知工程方面的專業知識，還擅長資訊科技，並為東升的數碼化提出不少實用建議，展現了額外的工作能力，這一點同時得到宋先生和歐太認可。他們商量後認為，子建可協助公司的資訊科技部門開展工序數碼化的工作，長遠節省人力成本，為公司增值。

四、經過前面的分析，宋先生和歐太對聘請子建已達成初步共識。他們最後再以應徵者評分表，對子建的表現逐項評核，通過客觀公平的評分標準（學歷、工作能力、工作經驗、增值技能等），判斷他是否真的達標。

在一系列討論後，宋先生和歐太終於取得共識。他們認同子建是適合的員工人選，也同意如果只看資歷，的確難以用 100,000 港元的月薪聘用他。但考慮到他將繼續考取國際認可牌照，又具備增值技能，他們最終仍以 100,000 港元的月薪有條件聘用子建，而子建需於受聘後三年內取得相關資歷，並需協助資訊科技部門開展工序數碼化的工作。

如何進行原則性談判

· 不糾纏於是非對錯的立場之爭
· 切忌將私人情緒投射於爭議中

- 談判前訂定具體清晰的議程和會議守則
- 尋求客觀公平的準則
- 不受現況局限，從不同角度思考解決問題的可能。
- 在共同利益的基礎上探討彼此皆能獲益的方案

有效溝通技巧之七：創意思維

條條大路通羅馬，遇到難以解決的爭議，我們可以打破預設框架，嘗試從不同角度創造更多解決方案。創意思維是指打破固有模式，藉由宏觀觀察，思考不一樣的解決辦法。要培養創意思維，我們必須跳出慣性思考模式，放下對事物的既定立場和個人判斷，盡可能地想像並與人討論各種不同的方法。譬如，眼前是用竹籤砌出的數字 5008，如何在只移動兩枝竹籤的情況下，令數額增大？

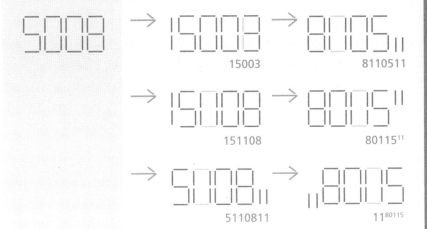

- 第一個答案是 15,003
- 第二個答案是 151,108
- 第三個答案是 5,110,811
- 第四個答案是把 5008 反過來，拆出兩枝竹籤，變成 8,110,511。
- 第五個答案也是把 5008 反過來，卻把兩枝竹籤變成次方，得出 80,115 的 11 次方這個答案。

以為第五個已經是最後答案嗎？但原來，這仍不是最大的數值。11 的 80115 次方比 80,115 的 11 次方更大，因

為那會得出無限大。

從這個小遊戲可見，我們遇到問題時可嘗試從不同角
度去思考，不要給思維套上無形框架：竹籤不一定非
要按原本的形狀排列；把數字反過來看也是可行方案；
一枝竹籤既可以代表具體數字，還能代表次方。以開
放的心態面對爭議，接受不同的可能，也能找到更多
解決矛盾的方法。

即使處於金錢爭議中，談判時也不一定要將衝突焦點
放於金錢上。爭議雙方的關係、態度、情感需要，以
至爭議的時間限制、雙方的長遠發展和利益，可能都
比眼前的數字更重要。不必執着於情緒化的指責或對
錯之爭，面對無法調和的爭議，我們可積極思考如何
以其他方式解決問題，滿足對方更深層次的需求。

袁太帶五歲的兒子浩朗到遊樂園玩耍，期間好友致
電，浩朗趁袁太接電話的時候爬到樂園的遊戲設施

上，不慎摔下來受傷送院。浩朗左腳骨折，需近三個月時間休養恢復。袁太一怒之下控告樂園沒有為遊戲設施加裝安全設備，罔顧遊客安全。不過樂園早已在各個遊樂設施附近張貼告示，提醒父母注意兒童安全，所以在事件中無需付上法律責任。反觀袁太自己一時疏忽，若真的告上法庭，她也理據不足。於是雙方決定通過談判解決爭議。

在談判桌上，袁太激動地指責樂園管理不善，害得浩朗無故受傷，提出要求 10 萬港元賠償，另報銷浩朗住院開支、額外聘請傭工照顧的支出，以及因骨折導致各種興趣班缺課的費用。樂園表示責任不在己方，只答應袁太可實報實銷她無法索償而能出示單據的醫療費用，其他開支概不負責。袁太不願接受，雙方陷入僵局。樂園考慮到萬一談判失敗鬧上法庭，將影響樂園的公眾形象，而袁太明顯為了浩朗意外受傷擔憂焦慮，難以理性思考，於是樂園嘗試從另一個角度，提出新的解決方案：在醫療費用實報實銷以外，另為浩

朗提供代金幣優惠券、免費入場券，以及可免費安排一次生日會活動，作為樂園對小病人的慰問。這樣的安排大大安撫了袁太憤怒的心情，也為她一家人日後再訪樂園節省了開支。對樂園來說，提供優惠券、安排生日會等與賠償金額無關的解決方案，在財務上更容易申報處理，彈性也大得多。袁太感受到樂園的誠意，平復情緒後，決定接受樂園提出的解決方案，圓滿解決爭議。

當拋開對賠償數字的爭拗，站在對方的角度考慮，用其他方式安撫其情緒，無形中也為爭議創造新的解決空間。其後袁太一家仍願意繼續前往樂園遊玩，雙方的關係得以維持，樂園的名譽也不會因此受到影響。

掌握創意思維能力，不但能帶領我們走出爭議的困局，也能幫助我們及時應對人生的起落。香港海洋公園營運 40 多年來，經歷了不止一次經營危機。其中，在 2003 年盛智文獲邀擔任公園主席後，就曾為公園

開闢別具創意的新項目：各有特色的節慶活動，刺激的嶄新機動遊戲，首次在香港引入以萬聖節為主題之大型節目，展出熊貓盈盈樂樂及中華鱘等動物，成功帶領公園走出低谷。

改變才是永恆。無論外在環境還是內心感受，都會隨着時間流逝產生變化。好比主題公園剛開幕時，人人都覺得新穎有趣，時間長了，若仍舊墨守成規，不添加新元素，自然會失去吸引力，令顧客覺得沉悶沒新意。

2020 年，新冠肺炎於全球廣泛爆發，不少國家及地區要求民眾減少外出，甚至在家中自行隔離，為人們的生活帶來極大不便。各種網絡應用程式應運而生，助大眾解決生活、工作、學習的需要。被迫隔離，沒辦法探望住在老人院的祖父母，怎麼辦？有的老人院便設立網絡探望服務，讓長者通過電子屏幕看到家人，舒緩他們孤單無助的心情。擁有創意思維，讓我們懂

得因時制宜，無論面對爭議或生活上的巨大轉變，都能靈活變通，找到解決的好辦法。

善用有效溝通的技巧

在這一章，我們認識了有效溝通的七種技巧。在日常生活裏，其實我們可以運用這七種技巧來改善溝通，令事情朝更理想的方向發展。讓我們跟着由英國來港工作的 John 到車行買車，看看他如何善用各種溝通技巧，順利完成汽車買賣，並達致雙方滿意的結果。

John 八年前被位於英國的總公司派到香港工作，如今成了地道的外籍香港人。他閒暇時最喜歡開着跑車到郊區兜風，放鬆心情。早前 John 在網上看到一則跑車銷售廣告，賣的正正是他最喜歡的英國老牌跑車。該雙門開篷跑車乃零首跑車（即以前只有一任車主），里數才不到 6,000（一般汽車一年里數約 10,000 左右），還經過精裝改造，速度與性能皆有所提升，叫價 110

萬港元。John 熟悉跑車市場，知道同系列的跑車在香港還有一輛現貨，只售 90 萬港元，卻是原廠二手車，沒有附加任何改裝裝置。但賣 110 萬港元的跑車換了引擎、提升了擾流器等，這些改裝 John 保守估計已遠超 20 萬港元。John 的預算是以 90 萬港元買一部心儀的英國跑車，如果外觀及性能上超出一般水平，John 可以考慮將預算提升至 110 萬港元。加上 John 一直想買一輛接近賽車水平的跑車，於是他決定先去看看這輛百萬跑車，便和二手車行老闆 Ken 約了第二天看車。

一、七大溝通元素

第二天，John 準時抵達車行。Ken 一看到他，馬上殷勤地將他帶到開了空調的辦公室內。兩人坐下來後，Ken 便以英語詢問 John 想買甚麼車。John 表示他想買一輛跑車，Ken 收到訊息後，進一步追問 John 希望選購怎樣的跑車。John 表示，他在網上看到車行的售車廣告，覺得不錯，想買類似款式、具備接近賽車水

平的超級跑車。Ken 理解後覆述：「你想買雙門開篷超級跑車，對我們網上廣告中的那輛車感興趣，所以想了解更多相關資訊，對嗎？」確定理解無誤後，再跟 John 具體介紹他感興趣的跑車資料。

在這個訊息傳遞的過程，我們可以找到七大溝通元素：

傳訊者：John

接收者：Ken

訊息：購買跑車

目的：了解雙門開篷超級跑車的資訊

媒介：以英語面對面交談

環境：Ken 車行內的辦公室，開着空調，安靜舒適宜人。

回應：Ken 順利接收 John 的訊息，展開行動，向他介紹相關的跑車資料。

在兩人的對話裏，雖然 John 是傳訊者，但 Ken 也為溝通過程順利，做了不少準備工作。他一開始便把 John 帶到開了空調的辦公室裏，讓兩人在不受干擾的環境

中自在地交流。當看到 John 是外籍人士，Ken 主動以英語展開對話，增加親切感。Ken 的殷勤招待，有助陌生的雙方建立互信，更容易產生「安全區」感覺，令 John 更願意坦誠交流。對話時，Ken 通過提問，逐漸收窄跑車的選擇範圍，最後確定 John 心儀跑車的類型。這個詢問、理解、覆述、確認的過程，令兩人達成具體共識，避免 Ken 因誤會 John 的需要而作出錯誤介紹。

二、用心聆聽

Ken 理解 John 的想法後，跟他交代了該超級跑車的出廠年份、車主首數、行車里數、牌費到期日等基本訊息，並介紹車行為跑車做了哪些改裝。看到 John 不住點頭，尤其在聽到改裝資訊時眼睛一亮，Ken 意識到 John 對這方面特別關注，便更詳細地介紹經過改裝後，跑車各方面的性能獲得怎樣的提升。

之後 Ken 不忘詢問 John 有沒有其他資訊想深入了解，
或對跑車還有哪些要求。這時，John 表示他是英國人，
本身便比較喜歡英國老牌跑車，但不確定跑車改裝後
是不是真的像 Ken 所說的一樣優秀。Ken 聽到了 John
話語背後的意圖，忙說：「既然這輛車已初步符合你
的需要，不如我們先看看車吧。」

在溝通過程，我們為了表達自己的感受和需要，往往
忽略了聆聽對方的訊息。John 和 Ken 兩位卻展現了積
極聆聽的技巧。John 來車行的目的便是看跑車，但他
一開始仍坐在辦公室，耐心聆聽 Ken 的介紹，並不斷
以點頭回應，示意他正在聆聽。不要以為這是浪費時
間，當 Ken 發現 John 用心聆聽，並通過他的反應判斷
他對哪些話題感興趣，就能根據 John 的喜好介紹更詳
盡的跑車資訊，John 因此能了解更多相關資訊，在心
裏重新評估判斷跑車是否適合自己、叫價是否合理。
至於 Ken 在表述的同時不忘觀察 John 的身體語言和眼
神，從中了解其真正的需求和喜好。他也留意到 John

說話背後的暗示，及時回應，帶他前往展示廳看車。

三、身體語言

John 看車時話不多，行動卻很積極，除了檢查車身、輪胎、油門腳掣，還爬到車底看汽車底盤，又找出車內的車身號碼，仔細核對車輛製造年份、車廠、引擎種類等訊息。Ken 看到 John 看得仔細，便說：「你真的很熟悉跑車，連一般人不注意的地方也留意到了。既然如此，我們不要光看車了，現在出去試試車吧。」

在試車過程，John 也沒有過多表示，卻積極測試跑車的各種功能，還嘗試飄移，令 Ken 更加確定 John 對跑車感興趣。試車後，John 臉上不禁露出興奮雀躍的笑意，Ken 適時表示：「John，剛才看到你開車，就知道你絕對是一個懂車的人。我看到你很熟悉這款跑車，相信你在試車後也認可這輛車的表現。不妨跟你再透露一點資料，其實市場上還有一輛同款跑車，你一查

就能查到。作為行家，我不便評論別人的車，你可以
去看看，試一試，再決定選擇哪一輛。我想你肯定是
希望考慮清楚後再購買。但與此同時，也要提醒你，
這輛車本身已經有另一位客人看過，對方付了 5 萬港
元訂金。如果你真的喜歡這輛車，確定購買，我還要
給對方賠償訂金 10 萬港元（包括原先已收取的 5 萬港
元訂金），所以這輛車的價格遠不止 110 萬港元。不過
看到你這麼懂車，我也想寶劍贈英雄，願意以折讓價
105 萬港元賣給你吧。」

善於觀察身體語言，就能透過小細節了解他人的真正
想法。John 本身便在考慮是否購買該跑車，為免喪失
議價能力，在看車和試車時便盡量減少對話，避免被
Ken 識破他的真實想法。但 John 驗車時細心的態度和
試車時興奮的神色卻騙不了人。Ken 憑着 John 積極的
身體語言，判斷他對這輛車有興趣，因此趁機拋出更
多資訊，給對方提供其他選擇，及坦言已有客人付訂
金預訂跑車，為後面兩人的談判作鋪墊。

四、適當提問

除了留意 John 的身體語言，Ken 還藉着一系列提問，確定 John 真的有興趣購買這輛跑車。「你對這款車還有甚麼疑問嗎？還有哪些地方希望我進一步解釋呢？」在試車後，Ken 運用澄清式問題，嘗試探究 John 對跑車的興趣有多大。

John 同樣善用提問技巧，他表示：「我也覺得這輛車性能不錯，不過價錢好像還是貴了些。110 萬港元跟市場價相比，好像偏高了？」其後又坦言：「我是對這輛車有興趣，不如你告訴我，你心目中的底價是多少？」

我們通過問題了解更多資訊，也能通過提問向他人暗示自己的想法。John 就先以探究式問題，試探跑車價格是否有調整空間，再以澄清式問題，進一步表明希望 Ken 降價的立場。當 Ken 接收到這些訊息，就能夠就着價格問題作出回應了。

五、重新塑造框架

Ken 此時已經確定 John 有意購買跑車，只是對價格不滿意，便說：「既然你對這輛車有興趣，也應該知道這輛車有多難得：零首車主、里數低、以賽車設備改裝，光是改裝費用已 30 多萬港元。市面上同款原裝二手車售價將近 90 萬港元，還不一定是零首車，里數也比我這輛高，還沒計算這堆配件的價值。你也是愛車的人，你覺得，我開 110 萬港元這個價格是不是很公道呢？」

當 Ken 聽到 John 暗示他開價高時，並沒有因此感到不快，也沒有直接表明自己的開價已經很便宜，而是通過與市場上同類跑車作比較，令 John 跳出針對跑車價格的考慮，從宏觀角度，重新思考這輛車的裝置和性能，以判斷售價是否划算。

六、談判

為進一步增加自己的議價空間，Ken 再次提醒：「你再想想，我還收了別人 5 萬港元訂金，如果最後跟你成交，還要賠償 10 萬港元呢。說是 110 萬港元，但實際上我只收了 100 萬港元，所以售價真的沒辦法下調了。不提這輛跑車市值便達 90 萬港元，我這輛車還加了 30 多萬港元的改裝設備，可以說是額外免費贈送。要是加上改裝，這輛車差不多值 130 萬港元，這些我都沒計算在內了。」

John 考慮後表示：「我同意你的說法，這輛車很划得來，不過 110 萬港元對我來說實在是貴了點，我的預算沒那麼多，你覺得應該怎麼辦呢？」

「這樣吧，這幾天你先去試試另一輛車，然後再決定。不過我也要保障另一位客人的利益，他最遲下星期三就會支付尾款。你要是遲於這個時間回覆，我就只好

把車賣給另一位買家了。你再考慮一下，想想花 90 萬港元能在市場上買到這樣一輛超級跑車嗎？要記得，我這輛跑車零首數、里數低，還有改裝裝置。你慢慢考慮吧，不過記得不要遲於下星期三回覆啊！」

John 和 Ken 對於跑車唯一的爭議便是售價。在探討兩人的談判技巧前，我們先分析一下他們的議價能力。John 希望購買超級跑車，而現在市場上只有兩輛。除

圖九 John 和 Ken 的議價空間

90萬或以下	110萬
(一般性能的心儀跑車)	(超級性能的心儀跑車)
John 成交點	John 放棄點

John 和 Ken 的議價空間

(最終價格往哪邊走視乎那一方的談判技巧)

Ken放棄點	Ken 成交點
90萬	110萬或以上

了 Ken 的改裝版跑車，就只有一輛售 90 萬港元的原裝跑車。以 90 萬港元或以下購入跑車，對 John 來說是比較理想的價格，也是他最願意答應的價格下限。Ken 的改裝跑車售 100 萬港元，這個售價對他來說偏高了，卻並非不能接受，但高於 100 萬港元就會超出他的預算，因此 100 萬港元是 John 的價格上限。由於市場上選擇有限，John 並不具備太高的議價能力，只能盡量試探 Ken 的叫價是否有調整空間。

至於在 Ken 的角度，他穩守 110 萬港元為最終定價，一來由於其跑車遠勝於市場上其他同款車，二來他要考慮賠償問題。他已與另一位客人簽訂臨時買賣合約，並收取對方 5 萬港元訂金。如果他將車賣給 John，則要賠償原本的客人 10 萬港元（包括原先已收取的 5 萬港元訂金）。只是 Ken 沒有透露的是，就算以 105 萬港元的最終價格出售跑車，他仍能比之前多賺 5 萬港元。但如果跑車能以 110 萬港元或以上的價格售出，他當然更滿意，這便是 Ken 的價格上限。

由此可見，90 萬至 110 萬港元，是 John 和 Ken 共同的議價空間。相比起 John，Ken 有不止一位客人有興趣購車，跑車本身性能優良，都使他在談判中具備更高談判議價能力。為免談判陷入僵局，Ken 積極運用談判技巧，理性客觀地跟 John 分析這輛跑車的優勢，盡量釋除 John 對跑車價格的顧慮。

Ken 提出零首數、里數低、附贈改裝等優點，都是以 John 的利益來考慮。車主都希望以最便宜的價格購買簇新且性能優越的跑車，以最少付出換取最大回報。用 110 萬港元購入實際價值達 140 萬港元的跑車，對車主來說實在划算。從先前的交流中，John 已詳細了解並測試了跑車各方面的性能，Ken 的話令他再次反思，以客觀標準來說，這輛跑車遠勝於市場上其他同款車。Ken 也再次提醒他還有一位客人等着買車，車行雖以 110 萬港元售出跑車，扣除賠償訂金 10 萬港元實際入帳卻只有 100 萬港元。Ken 的客觀分析、坦誠交流，令 John 得以從不同角度思考跑車的售價是否

划算，考慮自己是否有讓步空間。

面對價格局限，John 向 Ken 詢問該如何解決。這時，Ken 請他試試市面上另一輛同款跑車，擴闊其選擇範圍。給予他人選擇權看似是冒險的做法，其實不然。Ken 熟悉市場，也經由溝通清楚理解 John 的需求，知道自己的跑車對他來說是最佳選擇，John 亦明顯對這輛車感到滿意。與其繼續為了價格爭執，不如以退為進，主動給 John 提供更多選擇，John 在了解判斷後自然會做出明智決定。Ken 這種開放的態度，一方面展現了他對跑車的信心，另一方面也能贏取 John 的信任，使他相信 Ken 為人坦誠，增加好感度。

七、創意思維

John 試了市面上的原裝車後，覺得 Ken 出售的改裝跑車性能更優越，於是再次來到 Ken 的車行，表示有意購買跑車，希望 Ken 考慮調整價格。Ken 重申售價難

以調整，但「看到你這麼有誠意，這樣吧，我送給你六個月的免費保養（市場上類似名貴跑車保養價格大約為 6 萬至 10 萬港元不等），以及價值 3,000 港元的加油站優惠券，還有一部最新款的高級手提汽車用吸塵器（市場上價格為 8,000 港元）。開篷跑車容易髒，這部吸塵器特別好，我有不少客人專門來買呢。」

Ken 跳出價格限制，以最少成本為 John 提供額外福利。跑車本身的性能便很不錯，半年內不太可能出問題，至於加油站優惠券及手提汽車用吸塵器都是向其他合作商以低成本購入的禮物，免費贈送給 John 也不影響 Ken 的實際利益。

但在 John 看來，這些福利大大彌補了他要花 110 萬港元購車的開支，使他更樂意接受價格不變的結果。最終，John 喜迎心頭好，Ken 也賺取更多利潤，雙方都感到滿意。

帶孩子乘搭飛機外遊，對一眾父母來說絕對是「高風險活動」，萬一孩子搗蛋鬧脾氣，甚至大哭大鬧，父母難以在短時間內安撫，便會引起附近乘客不滿。有些父母會為前後左右的乘客準備小禮物，像是以孩子語氣寫的道歉信，加上一些小零食，在登機時派發，提前平復他人可能出現的情緒，將衝突消弭於無形中。小禮物正正能呈現有效溝通的結果：既通過派送禮物的創意方式，傳遞飛機上有小孩子，可能造成打擾的訊息；也反映父母站在其他乘客的角度思考，跳出「小孩搗亂後再道歉」的思維局限，預先解決可能出現的狀況，是處理爭議的良好示範。

解決爭議其實是處理人際關係的藝術，要解決的往往不在於爭議本身，而是如何修補破裂的關係，達致彼此滿意的共識。無論是尊重的態度、正面思維、同理心，或為談判作充足準備，以至運用各種溝通技巧，着眼點都是如何站在客觀持平的角度理解爭議事件及各方的感受與需要，繼而創造達成共識的溝通平台。

面對爭議，我們或憤怒、或激動、或害怕、或逃避，但只要妥善應對，就會發現，爭議不會讓我們失去甚麼，反而能在人際關係或個人發展上帶來很多得着。本書全面剖析解決爭議的藝術，為我們送上面對爭議的鑰匙。當我們掌握書中介紹的方法和技巧，就能打開爭議的大門，順利解決工作或生活上可能出現的種種衝突。

解決爭議的藝術

責任編輯　　趙寅
書籍設計　　黃詠詩

作者　　馮詠敏、周林輝、趙熙妍
　　　　（Fanny FUNG, Kenneth CHOW, Betty CHIU）

出版　　三聯書店（香港）有限公司
　　　　香港北角英皇道四九九號北角工業大廈
　　　　二十樓
　　　　Joint Publishing (H.K.) Co., Ltd.
　　　　20/F., North Point Industrial Building,
　　　　499 King's Road, North Point, Hong Kong

香港發行　　香港聯合書刊物流有限公司
　　　　香港新界大埔汀麗路三十六號三字樓

印刷　　美雅印刷製本有限公司
　　　　香港九龍觀塘榮業街六號四樓A室

版次　　二○二○年六月香港第一版第一次印刷

規格　　特十六開（150mm x 210mm）二三二面

國際書號　　ISBN 978-962-04-4653-5

三聯書店
http://jointpublishing.com

JPBooks.Plus
http://jpbooks.plus